מדיטציה והתנ"ך

אריה קפלן

מדיטציה והתנ"ך

מאנגלית:
דוד הלל

מגיד

Aryeh Kaplan
Meditation and The Bible

הרב אריה קפלן
מדיטציה והתנ״ך

עורך אחראי: ראובן ציגלר
עורכת ראשית: אוריה מבורך
עורכת משנה: אפרת גרוס
עריכה לשונית: דוד ברוקנר
הגהה: דוד פיאלקוף
עימוד: רינה בן גל
עיצוב עטיפה: שמואל לעסרי

ספרי מגיד, הוצאת קורן
ת״ד 4044 ירושלים 9104001
טל׳: 02-6330530 פקס: 02-6330534

office@korenpub.com
www.korenpub.co.il

מסת״ב ISBN 978-965-526-351-0

נדפס בישראל 2025 Printed in Israel

תוכן העניינים

חלק שלישי: ארכיאולוגיה מילולית

דבר המתרגם

תרגום זה יוצא לאור בעברית למעלה מארבעים שנה לאחר כתיבת הספר בידי מחברו. יש בכך ללמד על המקוריות והכתיבה פורצת הדרך של הרב אריה קפלן, שלא נס ליחה גם אחרי שנות דור.

הרב קפלן נפטר בשנת תשמ"ג בדמי ימיו בהיותו בן 48, ועד לפטירתו הספיק לפרסם עשרות רבות של ספרים ומאמרים במגוון רחב של נושאים, ובהעמקה גדולה ובלתי מתפשרת. לא רבים יודעים שהוא החל את מפעלו הספרותי רק עשר שנים קודם לכן, בגיל 38. הלב נחמץ במחשבה, כמה הפסיד העולם היהודי עם לכתו.

במהדורה באנגלית מופיעות הפניות רבות לכתבי יד של קבלה. זוהי תופעה מופלאה: המחבר כיתת רגליו בספריות בלונדון, ניו יורק, מוסקבה וירושלים. קרא בעיון כתבי יד קשים לפענוח, ולפעמים הפנה למשפט או לפסקה אחת מתוך ספר ארוך ומורכב מאוד להבנה. הצצתי בכמה מכתבי היד האלה – לשמחתנו, היום כבר יש צילומים שלהם במרשתת – וזו משימה מאתגרת גם למי שהעברית היא שפת האם שלו, לא כל

שכן לרב קפלן, שלשונו הייתה אנגלית. ראו בעמוד יא צילום עמוד לדוגמה מתוך אחד מכתבי היד הרבים האלה.

למרבה השמחה, כמעט כל כתבי היד שהמחבר מציין להם במהלך הספר יצאו כבר לאור. לכן ציינו במהדורה זו למקורות כפי שהם בספרים הנדפסים, ולא לכתבי היד. הדבר נעשה לנוחות הקוראים, אבל בכל פעם שהקוראים פוגשים הפניה לספר נדיר בקבלה, אציע להם לזכור שהפניה זו טומנת בחובה את מסירות הנפש של המחבר. כל הפניה כזו היא תוצאה של מאמץ מחקרי עילאי, של כרטיסי טיסה, אשרות שהייה ובתי מלון, שכולם תוצאה של אהבת התורה של המחבר, שקיבל על עצמו את השליחות לחשוף זרמים תת־קרקעיים חבויים במחשבה הפנימית, שמספרים על פרקטיקות של התבוננות ומדיטציה שכמעט נשכחו.

בספר יש ציטוטים רבים, לעתים ארוכים, שהמחבר תרגם לאנגלית לטובת קוראיו. כאן הקפדנו לצטט כל מובאה בעברית כפי שהיא במקורה, ורק הוספנו פיסוק עזר ופתחנו ראשי תיבות מוכרים פחות. לפעמים המחבר הוסיף משלו בתוך התרגום של המובאות, ובמקרים כאלה הסגרנו את דבריו בסוגריים מרובעים.

בנימה אישית, זהו הספר השני מפרי עטו של הרב קפלן שאני זוכה לתרגם. הראשון היה פירושו המפורסם ל"סיפורי מעשיות" (הוצאת מכון נחלת צבי). אני מודה להוצאת מגיד ולכל אנשי הצוות על ההזדמנות לעסוק בשימוש תלמידי חכמים, ומודה לה' יתברך על הזכות הגדולה.

המתרגם

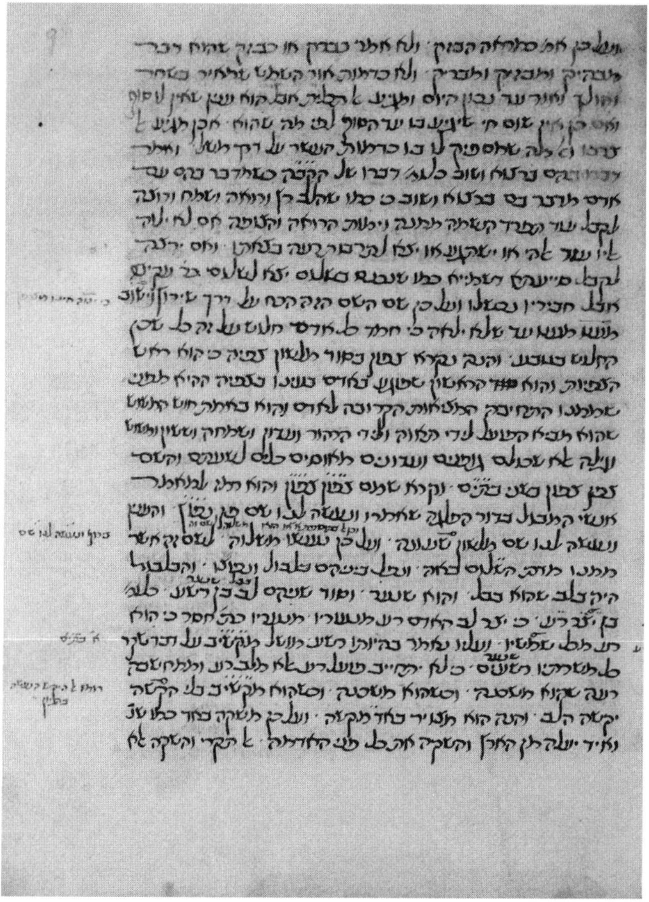

כתב היד של ספרו של רבי אברהם אבולעפיה "אוצר עדן הגנוז", הספרייה הבודליינית, אוקספורד, אנגליה, Ms. Or 606 דף 9a. מצוטט בספרנו, חלק שני פרק ח הערה 93.

הקדמה

אחת מהתעלומות הגדולות בתנ"ך היא זהותן של השיטות שנקטו הנביאים כדי להשיג את מצב התודעה הייחודי שלהם. רובו המוחלט של התנ"ך חובר על ידי הנביאים בשעה שהיו שרויים במצבי תודעה גבוהים, אולם כמעט שאין בידינו מידע כיצד הגיעו למצבי תודעה אלה. הטקסט המקראי ממעט מאוד לדבר על השיטות הללו, והפסוקים הרלוונטיים המועטים קשים להבנה ומצריכים פרשנות הולמת. אבל כל עוד שיטותיהם של הנביאים אינן ידועות, קשה להציב את דבריהם בהקשר המתאים, וכתוצאה מכך רעיונות רבים אחרים בספר הקדוש הזה מועדים להבנה שגויה.

לפתחו של כל מי שמנסה לעמוד על פשרם של דברי התנ"ך עומדים סכנות ומכשולים, ולאורך הדורות ניסו בני אדם לייחס את הרעיונות הזרים ביותר לטקסט המקודש הזה. לפיכך חשוב ביותר לעיין במפרשים ובמסורות המוכרים כדי לראות אם הם שופכים אור חדש על הנושא.

בכללות, אפשר להשיג מצב תודעה גבוה או מיסטי באחת משתי דרכים: מדיטציה או חומרים משני תודעה. אומנם

כמה חוקרים ניסו להראות שהנביאים נעזרו בסמים בשעת נבואתם, אך אין כל ראיה אובייקטיבית, מן הטקסט המקראי או מחוצה לו, שחומרים מעין אלה היו בשימוש אצל הנביאים.

באשר למדיטציה, המצב הפוך לגמרי. משעה שלומדים לזהות את אוצר המילים הרלוונטי, אפשר למצוא בספרות המסורתית התייחסויות רבות למדיטציה תנ"כית, ואפילו בכתבים בני מאתיים שנה בלבד היא נידונה באריכות. סיבה אחת לכך שההתייחסויות הללו אינן מוכרות בעולם היא שכל הספרות הזו כתובה בעברית, וכיוון שמדיטציה אינה נהוגה עוד באופן מעשי במעגלים יהודיים, נשכחה המשמעות של אוצר המילים הקשור אליה.

לפיכך, אחת ממשימותיו החשובות של ספר זה היא ללמוד מחדש את אוצר המילים המשמש בדברי חכמים לאורך הדורות לתיאור שיטות מדיטטיביות שונות. זוהי משימה חשובה, שכן המילה הנפוצה ביותר לתיאור מדיטציה אינה מוכרת ככזו, ולרוב היא מתפרשת באופן שגוי – דבר המביא לאיבודה המוחלט של משמעות הטקסט שבו היא מופיעה. אפילו תלמידי חכמים מצוינים שוגים בפירושם של טקסטים חשובים, ואינם מבינים שהם מדברים על מדיטציה, רק משום שפירושן המדויק של המילים הרלוונטיות אינו ידוע.

בחלקו הראשון של ספר זה נעיין במערכת המונחים הקשורה למדיטציה, תוך ציטוט מקורות רבים המדגימים את משמעות המילים האלה באופן שאינו משתמע לשני פנים. בחלק זה נעמוד עדיין על קרקע מוצקה, בלי להזדקק להשערות כלשהן. כפי הנראה, הסיבה העיקרית שפירוש

המילים הללו איננו מוכר ברבים היא פשוט מפני שאיש לא טרח עד כה לחקור באופן שיטתי את המקורות המשתמשים במילים אלה.

תפקידן של הטכניקות המדיטטיביות נעשה ברור עוד יותר כאשר מזהים את העיסוק הרב בהן ברחבי ספרות הקבלה. למרבה הצער רוב הדברים מצויים עדיין בכתבי יד שטרם יצאו לאור,[1] אבל גם כאן קיים די חומר מודפס שיכול לספק לנו תמונה ברורה.

בכתבי הקבלה מצוי שימוש לא מבוטל במדיטציות המבוססות על כעין "מנטרה", שבה אדם חוזר שוב ושוב על פסוקים, הברות או שמות קדושים כדי להגיע למצב תודעה מדיטטיבי. שיטה חשובה נוספת מכונה **ייחודים**: האדם מתבונן באותיות ובשמות מסוימים, מצרפם זה עם זה ומייחד אותם בסדר מוגדר. כל זה מתואר בספרנו **מדיטציה וקבלה**.

בחלקו השני של הספר נעיין בדרכים ובשיטות השונות שקשורות לנבואה, הן מתוך הכתובים והן מנקודת מבט של הפרשנים המקובלים. כאשר חוקרים סוגיה זו באופן שיטתי, אפשר להסיק תובנות מסוימות ביחס לשיטות שהיו בשימושם של נביאי ישראל.

חלקו השלישי של הספר שייך יותר למחוזות ההשערה. במהלכו ננסה לבנות מחדש את אוצר המילים התנ"כי המשמש לתיאור מצבי התודעה המדיטטיביים והמיסטיים. כעת אנו מחליפים הילוך, ועוברים מכתביהם של מקובלים והוגים אל אלה של חוקרי הלשון העברית. נערוך כאן מחקר פילולוגי ואטימולוגי השוואתי והקשרי, וננסה לזהות ולפרש את המילים

השונות שהתנ"ך מתאר באמצעותן את שיטות המדיטציה ומצבי התודעה הגבוהים.

כיוון שחלק גדול מהחומרים בספר זה עלולים להיראות שנויים במחלוקת, אנו מבקשים להבליט את רוחב היריעה שהם זוכים לו בספרות הקודש לאורך הדורות. כאשר הדבר יתאפשר נצטט מן המקורות בלשונם.

כוונתנו ותקוותנו שהמחקר הקצר הזה יסלול שביל למחקר נוסף, הן בפירוש התנ"ך והן במשמעות החוויה הנבואית שעומדת בבסיסו. אומנם היריעה רחוקה מלהיות שלמה, ובכל זאת נקווה שהיא תעניק מפתח למבקשים לפתוח את הדלתות ולחקור הלאה סודות אלה.

אריה קפלן

כ"ג באדר תשל"ו

תודות

ד"ר פרל אפשטיין.
בית המדרש לרבנים באמריקה, ניו יורק, בפרט לגב׳ סוזן יאנג ולמר מיכה פאלק אופנהיים.
ספריית האוניברסיטה העברית, ירושלים.
הספרייה הבודליינית, אוקספורד, אנגליה.
הספרייה הלאומית של צרפת, פריז.
המוזיאון הבריטי, לונדון, אנגליה.
ספריית הוותיקן, ותיקן, רומא.
ספריית אוניברסיטת קולומביה, מחלקת כתבי יד, ניו יורק.
הספרייה הממלכתית של רוסיה (לשעבר הספרייה הממלכתית על שם לנין), אוסף גינזבורג, מוסקבה.

חלק ראשון

המסורות

א
התבודדות

רבים מופתעים לגלות שהמדיטציה ממלאת תפקיד כלשהו ברחבי התנ"ך. לא לעיתים קרובות דנים בה בהקשר זה, ורבים מלומדיו הבקיאים של התנ"ך מודעים אך בקושי למקורות הרבים שבהם מסבירים הפרשנים המקובלים קטעים בספר קדוש זה כמתייחסים לחוויות מדיטטיביות. סיבה חשובה אחת לכך היא שפרקטיקות שכאלה לא היו בשימוש מאז התחייה החסידית לפני למעלה ממאתיים שנה. כיוון שהחוויה עצמה לא הייתה מוכרת, נשכחה גם משמעות המילים המשמשות לתאר אותה, ואוצר המילים כולו אבד.

לפיכך, קודם שנוכל לדון כראוי במושג המדיטציה כפי שהוא מופיע במקורות, עלינו לפתח אוצר מילים בסיסי. בתנ"ך עצמו יש מילים אחדות שיש להן, כפי הנראה, קשר חזק למצבים מדיטטיביים של הלא־מודע, אבל מילים אלה אינן משמשות עוד בהקשר זה בספרות שאחרי התנ"ך.

אולם, מילה אחת משמשת בעקביות כמונח של מדיטציה,

אצל מפרשים, הוגים ומקובלים. זוהי המילה "התבודדות". הפועל הנגזר ממנה הוא "להתבודד".

שורש המילה הוא בד"ד, ופירושה אם כן הוא בידוד עצמי. במקרים מסוימים פירושה בידוד במובן הפיזי בלבד,[1] אולם במקומות רבים אחרים היא מבטאת מצב תודעה של **בידוד העצמי**, כלומר בידוד של המהות היסודית ביותר של האדם.

כשהמילה התבודדות נזכרת בהקשרים קבליים, משמעותה היא יותר מבידוד פיזי גרידא. היא מבטאת בידוד פנימי, שבו האדם מבודד בתודעתו את המהות שלו מן המחשבות שלו. אחד מגדולי המקובלים, רבי חיים ויטאל (1620–1543, ה'ש"ג-ה'ש"ף), מדבר לעיתים קרובות על התבודדות מנטלית שכזו, ואומר: "הדרך שנהגו בה החסידים הפרושים הקדמונים... בפרישות מכל אדם אפילו בענייני שיחה בטלה, ואחר כך יטהר גופו בטבילה תמיד, ואחר כך יתבודד לעיתים ויחשוב ביראת ה'".[2] כשאדם פועל כך, הוא מפריד את נשמתו מגופו במידה כזו שהוא איננו חש עוד קשר כלשהו לעצמי הגופני שלו. כך הנשמה מתבודדת, וכפי שרבי חיים ויטאל חותם: "ויזהר להיות מחשבתו פנויה מכל הבלי העולם הזה, וידבק באהבתו יתברך בחשק גדול, ועל ידי כן אפשר שיזכה לרוח הקודש".

מצב זה של בידוד התודעה חשוב מאוד לחוויה הנבואית. בעניין זה קיים דיון רחב, אבל התיאור הבהיר ביותר של מצב תודעה זה ניתן על ידי הרלב"ג, רבי לוי בן גרשון (1288–1344, ה'מ"ח-ה'ק"ד), הוגה עיקרי במחשבת ישראל. הוא כותב בבירור שקבלת ההתגלות הנבואית "צריכה אל התבודדות

השכל מן הדמיון, או שניהם מבין שאר הכחות הנפשיות המשיגות".[3]

הרלב"ג מדבר על המצב המדיטטיבי, שאותו הוא מתאר כבידוד התודעה עד למידה שהיא אינה מופרעת עוד על ידי הדמיון. הדמיון שהוא מתייחס אליו הוא שטף ההרהורים הרגילים, וכן הדימויים הוויזואליים שמופיעים בשעה שכל יתר החושים מושתקים. מכל זה השכל צריך להיבדל, עד שהאדם מגיע למצב של מודעות טהורה, שאינה מופרעת על ידי הרהורים או מראות דמיוניים. זוהי הגדרה מצויה של המצב המדיטטיבי, והיא התוצאה הסופית של כל מדיטציה מוצלחת. כדי להשיג זאת אדם צריך לבודד הן את המודעות והן את הדמיון מכלי ההשגה האחרים של התודעה.

כדי להבין זאת באופן שלם יותר עלינו להבין שהמוח האנושי, אף שהוא איבר מופלא, עדיין רחוק מלהיות יעיל ככלי חשיבה. הנרי ברגסון הציע שאחד מתפקידי המוח ומערכת העצבים הוא לבטל פעילות ומודעות, ולא לחולל אותן.

אלדוס האקסלי מצטט את הערתו של פרופסור צ'.ד. ברוד בעניין.[4] לדבריו, בכל אדם טבועה היכולת לזכור כל מה שקרה לו אי פעם ולקלוט את כל המתרחש סביבו. אולם אם כל המידע הזה יגיע אל מוחנו בבת אחת, אנחנו נוצף לגמרי. לכן, בשל כמות המידע העצומה שזורמת אלינו מן החושים, המוח ומערכת העצבים פועלים להגן עלינו ולמנוע מאיתנו הצפה ובלבול. הם משתיקים את רוב מה שאנחנו קולטים וזוכרים ומבטלים את כל מה שעלול לבלבל אותנו, כך שרק מבחר קטן, מיוחד ושימושי, מורשה להישאר בתוך התודעה.

אם הדבר נכון ביחס למראות בעולם הגשמי, על אחת כמה וכמה הוא נכון ביחס למה שמעבר לגשמי. אם אדם מן היישוב היה מסוגל לראות ללא הפסקה את המישור הרוחני, לא היה מתאפשר לו כלל לתפקד במישור הגשמי. אף על פי שלשכל האנושי ישנן יכולות קליטה ומיקוד מעבר לדמיוננו, עיסוקנו העיקרי הוא לשרוד, יהא המחיר אשר יהא. וכדי שההישרדות תתאפשר, המוח צריך להפעיל שסתום להקטנת השטף ולמיקוד היכולות שלו.

ישנם כמה חוקרים הבוחנים פעולה זו, ואוחזים בדעה שהשסתום הזה עשוי להיות דומה מאוד לציוד האלקטרוני המשמש לשיבוש אותות רדיו של האויב. המוח מייצר בקביעות מעין רעש סטטי, וכך מקטין את יכולת ההשגה שלנו ומפחית את הפעילות המנטלית.

אפשר לראות את הרעש הסטטי הזה באמצעות העין. כשאדם עוצם את עיניו הוא רואה במחשבתו כל מיני תמונות אקראיות מהבהבות. אי אפשר להתמקד באחת מהן למשך יותר מהרף עין, וכל תמונה מעומעמת על ידי שלל תמונות אחרות הנערמות על גביה. את הרעש הזה אפשר לראות אפילו בשעה שהעיניים פקוחות, אבל בדרך כלל אנחנו מתעלמים מתמונות אלה כיוון שהן דהויות מאוד ביחס לקלט הוויזואלי שלנו. ועם זאת, הרעש הסטטי ממעיט את יכולת ההשגה שלנו, הן של העולם שסביבנו והן של עצמנו. לא זו אף זו, רעש זה חוסם את היכולת לקלוט את המישור הרוחני בכל אופן שהוא, לפחות בזמן שהתודעה במצבה הרגיל.

אחת מהתכליות החשובות של המדיטציה היא לבטל

רעשים סטטיים מסוג זה. כפי שהרלב״ג מסביר, אדם יכול להשיג זאת בכך שיבודד את השכל מן הדמיון, שהוא החלק בתודעה שמייצר רעש סטטי שכזה. כשאדם זוכה להשיג זאת הוא יכול לראות ולהבין דברים בבהירות רבה יותר, ואפילו להצליח להשיג את המישור הרוחני.

ב
רבי אברהם בן הרמב"ם

אומנם מחברים רבים משתמשים במונח התבודדות כמתייחס למצב המדיטטיבי, אך המילה משמשת ברוב המקרים לתיאור המעשי של מדיטציה, ובספרות הקבלית מצויות דוגמאות רבות לכך. הביטוי הבהיר ביותר לכך מופיע בכתבי רבי אברהם בן הרמב"ם (1186–1237, ד'תתקמ"ו-ד'תתקצ"ח), בנו של הפוסק והפילוסוף המפורסם רבי משה בן מימון.[5]

רבי אברהם כותב שישנם שני מיני התבודדות: חיצונית ופנימית. התבודדות חיצונית אינה אלא בידוד במובן הגשמי, אבל התבודדות פנימית היא התהליך המדיטטיבי, שבו אדם מבודד עצמו הן גופנית והן מנטלית.

מדיטציה שכזו נחשבת לעבודה הרוחנית הגבוהה ביותר, והיא השיטה ששימשה את הנביאים להשיג את נבואותיהם. הנביאים עסקו לעיתים קרובות בהתבודדות גשמית. אבל התכלית העיקרית של התבודדות חיצונית זו הייתה לשמש הכנה להתבודדות פנימית, או מדיטציה, שהביאה אותם אל

השלב הגבוה ביותר בסולם הגילויים הרוחניים. מצב כזה של התבודדות פנימית נחשב גם לגילוי הרוחני עצמו, ולא רק אמצעי להשגתו.

רבי אברהם מפרש כמה פסוקים בתנ"ך כמתייחסים למצב מדיטטיבי זה. דוד המלך התפלל על שלמות הלב ואמר "לֵב טָהוֹר בְּרָא לִי אֱלֹהִים" (תהילים נא, יב). זו הייתה גם השגתו של המשורר אסף, שעליה כתב "כָּלָה שְׁאֵרִי וּלְבָבִי, צוּר לְבָבִי וְחֶלְקִי אֱלֹהִים לְעוֹלָם" (שם עג, כו). פסוקים אלה מתייחסים לטהרת המחשבה והלב כשהם מזוככים מכל מה שאינו אלוקי. כשאדם משיג מצב תודעה שכזה, המהות האלוקית נכנסת ממש אל תודעתו ושוכנת בה.

גם השיטה להשיג זאת מתוארת בבירור אצל רבי אברהם:

> מדרגה זו תושג על ידי ביטול פעולתו של החלק המרגיש מחלקי הנפש, כולו או רובו, והרחקת החלק הדוחף משאר עניני העולם, והטייתו אליו יתעלה, והעסקת החלק השכלי בעניניו יתעלה, והפעלת החלק הדמיוני במה שמסייע לחלק ההגיוני על ידי התבוננות בבריאותיו יתעלה, בריאות אדירים המודיעות על בוראן, כגון התבוננות בגדולת הים ואימתו ונפלאות היצורים שבתוכו, או התבוננות אל סיבוב כדור העולם במלוא הדרו או בטיבם של הכוכבים וכדומה.

השיטה העיקרית למדיטציה כפי שרבי אברהם משרטט אותה כוללת אם כן התבוננות בטבע. אדם יכול להתבונן

"בגדולת הים ואימתו" ולהתפעל מרבגוניות היצורים השוכנים בו, או להביט בשמי הלילה הבהירים ולהניח לתודעתו לטבול בשלמותה בתפארת הכוכבים. על ידי התבוננות נמרצת שכזו אדם יכול להשיג מצב תודעה מדיטטיבי המכוון אל האלוקי.

זוהי מדרגתו של אסף, אחד ממשוררי תהילים, שזיכך את ליבו ואת מוחו וטיהר אותם מכל מה שאינו אלוקי. על מצב זה הוא אמר "כָּלָה שְׁאֵרִי וּלְבָבִי". כשהוא הרחיק מן התודעה שלו את כל הדברים מלבד ה', הוא אמר "מִי לִי בַשָּׁמָיִם וְעִמְּךָ לֹא חָפַצְתִּי בָאָרֶץ" (תהילים עג, כה).

אף על פי שרבי אברהם איננו מפרש את המזמור כולו, יש בו פסוקים רבים נוספים שאפשר לראותם כמתייחסים למצב המדיטטיבי, ואכן כך הם מתפרשים על ידי כמה מן המפרשים החשובים.[6] מאירת עיניים הקריאה בכל החלק האחרון של הפרק על פי ההקשר של שני הפסוקים האמורים:

וַאֲנִי תָּמִיד עִמָּךְ
אָחַזְתָּ בְּיַד יְמִינִי.

בַּעֲצָתְךָ תַנְחֵנִי
וְאַחַר כָּבוֹד תִּקָּחֵנִי.

מִי לִי בַשָּׁמָיִם
וְעִמְּךָ לֹא חָפַצְתִּי בָאָרֶץ.

כָּלָה שְׁאֵרִי וּלְבָבִי
צוּר לְבָבִי וְחֶלְקִי אֱלֹהִים לְעוֹלָם...

וַאֲנִי קִרְבַת אֱלֹהִים לִי טוֹב
שַׁתִּי בַּאדֹנָי ה׳ מַחְסִי
לְסַפֵּר כָּל מַלְאֲכוֹתֶיךָ.

פסוקים רבים נוספים בתנ"ך מתפרשים באור זה. הנביא ישעיהו אומר על הטיית מחשבתו אל האלוקי: "לְשִׁמְךָ וּלְזִכְרְךָ תַּאֲוַת נָפֶשׁ. נַפְשִׁי אִוִּיתִיךָ בַּלַּיְלָה אַף רוּחִי בְקִרְבִּי אֲשַׁחֲרֶךָּ" (כו, ח–ט).[7] משורר תהילים אומר באופן דומה: "צָמְאָה לְךָ נַפְשִׁי, כָּמַהּ לְךָ בְשָׂרִי" (סג, ב), ובהמשך אותו מזמור: "דָּבְקָה נַפְשִׁי אַחֲרֶיךָ" (פסוק ט).

נקודה חשובה נוספת שרבי אברהם מזכיר היא שכדי שהיכולת המדיטטיבית תוכל לצאת אל הפועל, צריך לרסן את האגו ולבטל את כל החושים. דוגמה לכך נמצא בעצת אלישע לגיחזי: "כִּי תִמְצָא אִישׁ לֹא תְבָרְכֶנּוּ, וְכִי יְבָרֶכְךָ אִישׁ לֹא תַעֲנֶנּוּ" (מלכים ב׳ ד, כט). הדבר ראוי לתשומת לב מיוחדת מפני שנראה שהמשמעות היא שאדם צריך לסגל לעצמו מידה מסוימת של שוויון נפש סטואי קודם שיוכל לעסוק כראוי במדיטציה. רעיון זה נידון באריכות אצל המקובלים.[8]

כדי להשיג את המצב הנבואי שבו האדם והאלוקים מתאחדים, נהגו הנביאים ובני הנביאים להשתמש בכמה סוגים של נגינה ומוזיקה. רבי אברהם כותב שהנגינה הייתה מעוררת את הלב אל ה׳, ומטהרת את פנימיות האדם מכל המחשבות

החיצוניות. כמה פסוקים מזכירים זאת, ואחד הברורים שבהם הוא זה שנאמר על עבודת המקדש: "וַיַּבְדֵּל דָּוִיד וְשָׂרֵי הַצָּבָא לַעֲבֹדָה לִבְנֵי אָסָף וְהֵימָן וִידוּתוּן הַנִּבְּאִים בְּכִנֹּרוֹת בִּנְבָלִים וּבִמְצִלְתָּיִם" (דברי הימים א' כה, א).[9]

כדי להצליח להשיג התבודדות פנימית נקטו הנביאים ובני הנביאים גם בדרך של התבודדות חיצונית והרחיקו עצמם מהמון האנשים. כך נשמרו מהפרעות ענייני החול של ההמון, ויכלו להרהר בבורא ובנפלאותיו בלא מטרד. התבודדות שכזו עשויה להיות חלקית וזמנית, והיא גם יכולה להיות מוחלטת, כשאדם מבודד עצמו במקומות לא מיושבים כמו מדבריות או הרים. רבי אברהם מציין שהתבודדות שכזו מוזכרת לעיתים קרובות בתולדותיהם של נביאים ושל תלמידיהם. זה גם הטעם לכך שרבים מן האבות והנביאים עסקו ברעיית צאן, שבמהלכה יכלו לשהות לבדם בשדות למשך תקופות זמן ארוכות.

במהלך תקופות התבודדות שכאלה היה הנביא מתבונן בשמיים, בהרים ובשאר חלקי הבריאה, ומקרב בכך את דעתו אל הבורא. רבי אברהם אומר שזהו פירוש דברי דוד המלך "מַה יָּקְרוּ רֵעֶיךָ אֵל, מֶה עָצְמוּ רָאשֵׁיהֶם. אֶסְפְּרֵם מֵחוֹל יִרְבּוּן" (תהילים קלט, יז-יח): האדם שוקע כל כך בהתבוננות, עד שהוא נכנס למצב של טראנס והדממה מנטלית, ומשיג את האחדות האלוקית כאילו הוא ממש חש אותה בפועל. כשהוא מקיץ ממצב התודעה הזה, הרושם הקסום של האחדות שחווה נשאר איתו, ועל כן דוד מסיים "הֱקִיצֹתִי – וְעוֹדִי עִמָּךְ" (שם).[10]

הזמן הטוב ביותר להתבודדות שכזו הוא חצות הלילה או קודם עלות השחר. רבי אברהם מוצא רמזים לכך בפסוקים

כגון "קוּמִי רֹנִּי בַלַּיְלָה לְרֹאשׁ אַשְׁמֻרוֹת" (איכה ב, יט).[11] גם דוד המלך אומר "קִדְּמוּ עֵינַי אַשְׁמֻרוֹת לָשִׂיחַ בְּאִמְרָתֶךָ" (תהילים קיט, קמח). רבי אברהם מדבר גם על אנשים שמנסים שלא לישון כלל, מתוך רצון לקיים את העבודה המתוארת בפסוק "אִם אֶתֵּן שְׁנַת לְעֵינָי, לְעַפְעַפַּי תְּנוּמָה" (שם קלב, ד).

חשיבות רבה ישנה לדברי רבי אברהם על המוסלמים הדרווישים או הסופים, שאיתם הייתה לו כפי הנראה היכרות קרובה. הוא מתאר עבודה רוחנית של אחת מכיתותיהם, שבה המאמינים היו מבודדים עצמם במקומות חשוכים עד למידה שחוש הראייה שלהם היה מתנוון, ולא יכלו להבחין עוד בין חושך לאור. כדי שאדם ירצה לעסוק בעבודות שכאלה, מעיר רבי אברהם, הוא צריך להיות מונע על ידי אור פנימי חזק כך שהעלטה החיצונית לא תכאיב לנפשו. הוא מצטט מפי "רבי אברהם החסיד" שאומר שהתבודדות זו במחשכים היא הדבר שהכתוב מדבר עליו "מִי בָכֶם יְרֵא ה' שֹׁמֵעַ בְּקוֹל עַבְדּוֹ אֲשֶׁר הָלַךְ חֲשֵׁכִים וְאֵין נֹגַהּ לוֹ, יִבְטַח בְּשֵׁם ה' וְיִשָּׁעֵן בֵּאלֹהָיו" (ישעיהו נ, י).

אף על פי שהדרך הטובה ביותר לערוך מדיטציה היא בהתבודדות, אדם שנמצא במדרגה רוחנית מתקדמת יכול לעסוק בה בכל עת. בנו של הרמב"ם מצטט ברכה שגדולי החכמים היו מברכים בה זה את זה, "ישם ה' את חלקך עם מי שמתענג על הבדידות ונפשו גלמודה עליו ברוב עם".

דבריו אלה של רבי אברהם, מלבד ערכם ללימוד תובנות כלליות על מדיטציה, שופכים אור על כתביו של אביו הגדול, רבי משה בן מימון. אף על פי שהבן איננו מפורסם כל כך,

האב הוא אחד מגדולי המחשבה היהודית בכל הדורות, שזיקק את כל המקורות שקדמו לו והשפיע כמעט על כל כותב שבא אחריו.

מכאן אנו למדים בבירור שכאשר הרמב"ם השתמש במונח "התבודד", הוא דיבר למעשה על מדיטציה. עובדה זו חמקה מעיניהם של כמעט כל המתרגמים והמפרשים של הרמב"ם. דוגמה טובה לשימוש שכזה מצויה במכתב שכתב הרמב"ם לבנו רבי אברהם. במכתב זה כותב הרמב"ם "עם שתי בריתות אלה [=מילת הבשר ומילת עורלת הלבן] יתאמתו דברי הבורא יתברך ויתקיימו בעניין הברית הראשונה והברית השנייה והברית השלישית – והוא השבת. אלו השלוש הן על טהרת הנפש, ועל התחבולה ועל ההפרדה ועל ההתבודדות לו יתברך".[12]

אבל חשובה מכך היא העובדה שהרמב"ם, בספרו **משנה תורה**, מדבר על התבודדות ביחס לנביאים, ואומר שזו הייתה אחת הדרכים החשובות שעל ידן השיגו את מדרגתם הגבוהה.[13] מדברי בנו אנו למדים בבירור שהכוונה למדיטציה, אולם לא מצאתי מתרגם או מפרש כלשהו שמפגין היכרות עם עובדה זו.

הדבר שופך אור גם על רעיון חשוב ביחס למדיטציה שמופיע בספר **מורה נבוכים** לרמב"ם. כיוון שאנו יודעים את משמעות המילה "התבודדות", נוכל לפרש אותה כעת כראוי.

והנה בארה התורה כי זאת העבודה האחרונה אשר העירונו עליה בזה הפרק לא תהיה אלא אחר ההשגה – אמר "לְאַהֲבָה אֶת ה' אֱלֹהֵיכֶם וּלְעָבְדוֹ

בְּכָל לְבַבְכֶם וּבְכָל נַפְשְׁכֶם" (דברים יא, יג) – והנה בארנו פעמים רבות כי האהבה היא כפי ההשגה, ואחר ה'אהבה' תהיה העבודה ההיא, אשר כבר העירו זכרונם לברכה עליה, ואמרו: "זו עבודה שבלב".

והיא אצלי – שישים האדם כל מחשבתו במושכל הראשון, ולהתבודד בזה כפי היכולת...

הנה התבאר כי הכונה אחר ההשגה היא – להמסר אליו, ולהשים המחשבה השכלית בחישקו תמיד – וזה ישלם על הרוב בבדידות ובהתפרדות. ומפני זה ירבה כל חסיד להפרד ולהתבודד ולא יתחבר עם אדם רק לצורך הכרחי...

ומפני זה היו מקפידים החסידים על השעות שהיו בטלים בהם מלחשוב באלוה והזהירו ממנו ואמרו: "אל תפנו אל מדעתכם"; ואמר דוד "שִׁוִּיתִי ה' לְנֶגְדִּי תָמִיד כִּי מִימִינִי בַּל אֶמּוֹט" (תהילים טז, ח) – הוא אומר: איני מפנה מחשבתי ממנו, וכאילו הוא יד ימיני אשר לא ישכחה האדם כהרף עין לקלות תנועתה – ומפני זה לא אמוט – כלומר: לא אפול.

מורה נבוכים ח"ג פרק נא (בתרגום אבן תיבון)[14]

מקורות

אם הציטוטים שהובאו עד כה היו היחידים שבהם המונח "התבודדות" משמש במשמעות מדיטציה, היה אפשר לפטור אותם בקלות כיוצאים מן הכלל שאינם מעידים על הכלל. אולם המילה משמשת לאורך ולרוחב המקורות, וברור מן ההקשר שכוונתה למדיטציה. האזכור המוקדם ביותר שמצאנו מופיע לפני אלף שנה, וכמעט בכל דור מאז ישנו דיון כלשהו על הסוגיה.

מבחר הציטוטים שיובאו כאן מדברים בעד עצמם בדרך כלל, ומעניקים תובנה חשובה על תפקידה של המדיטציה במחשבה היהודית בכלל, בלי צורך בפרשנות נוספת.

רב האי גאון (מנהיג דתי ומיסטיקן, 939–1038, ד'תרצ"ט–ד'תשצ"ח)

העולם לא נפל במקרה אבל מסדר אחד סדרו באופן התקון והוציאו מאין ליש, והוא יתברך סדרו על אופן הקשר המציאות זה בזה, ודברי השפלים והנהגתם תלויים בעליונים כאמרם ז"ל "אין לך כל עשב ועשב מלמטה שאין לו מזל מלמעלה שמכהו ואומר לו גדל שנאמר 'אם תשים משטרו בארץ' (איוב לח, לג)".[15]

והנפשות למיניהן נקשרות זו בזו מדרגה אחר מדרגה, והאדם השלם בסוד הבריאה מרוב שהוא ישים התבודדותו בחכמה אפשר שיגיד העתידות, כי מרוב

התבודדו נרדמו יצוריו וחושיו ויגיע עד העילה הראשונה מרוב חקרו בסודות המציאות, ואז יהיו כחות לבו אורים ותומים, כי זה נקשר בסוד מלאכי השמים, והנה הדבקו בטוב.

מצוטט בפירוש רבי משה בוטריל לספר יצירה ד, ב

רבי אברהם אבן עזרא (הוגה, מיסטיקן ומשורר, 1164–1089, ד'תתמ"ט-ד'תתקכ"ד)

בעבור היות נשמת המשכיל בששת ימי המעשים מתבודדת בעסקי העולם, על כן היא מתבודדת בשבת להבין מעשה השם ונפלאותיו.

אבן עזרא על תהילים צב, ה[16]

רמב"ן (רבי משה בן נחמן; פוסק, פרשן ומיסטיקן, 1270–1194, ד'תתקנ"ד-ה'ל')

בנפשות בקצת האנשים כח נבואיי ידעו בו עתידות, לא ידע האיש מאין יבא בו, אבל יתבודד ותבא בו רוח לאמר ככה יהיה לעתיד לבא בדבר פלוני.

רמב"ן על דברים יג, ב

רבי יעקב בן אשר (בעל הטורים; פוסק הלכה, 1343–1270, ה'ל'-ה'ק"ג)

תניא, המתפלל צריך שיכוין לבו, שנאמר "תכין לבם" (תהילים י, יז), פירוש שיכוין פירוש המלות שמוציא בשפתיו ויחשוב כאילו שכינה כנגדו, שנאמר "שויתי

ה' לנגדי תמיד" (שם טז, ח), ויעיר הכוונה ויסיר כל המחשבות הטורדות אותו, עד שתשאר מחשבתו וכוונתו זכה בתפלתו...

וכן היו עושין חסידים ואנשי מעשה שהיו מתבודדים ומכוונין בתפלתן, עד שהיו מגיעים להתפשטות הגשמיות ולהתגברות רוח השכלית, עד שהיו מגיעים קרוב למעלת הנבואה.

טור, אורח חיים צח[17]

רבי שם טוב אבן שפרוט (הוגה; 1400–1330, ה'צ'-ה'ק"ס)

[הגמרא מספרת שאחרי הסכסוך בין רבי אליעזר ורבן גמליאל, אשתו של רבי אליעזר לא הניחה לו ליפול על פניו בתפילה, שמא יהרוג בתפילתו את רבן גמליאל]

וכונת אתתיה [=אשתו] דר' אליעזר שלא היתה מניחתו לילך ליפול על פניו, רוצה לומר שהיתה מטרידתו שלא להתבודד, כי בסבת ההתבודדות ידבק האדם במקום הראוי ויחדש אותות ומופתים.

פרדס רימונים, בבא מציעא נט ע"ב

רבי יוסף אלבו (הוגה, 1435–1380, ה'ק"ם-ה'ר"ד)

אין ידיעת השם ממין ידיעת האדם... שהם ידיעות בלתי בעלות תכלית, וזהו "אספרם מחול ירבון" (תהילים קלט, יח), ועם כל זה הם מתאחדים בך

אחדות גמורה, כמו שאמר "ולו אחד בהם" (שם פסוק טז) ואינן ענין נוסף על עצמותך.

[ודוד המלך מסיים (בפסוק יח) "הקיצותי ועודי עמך", ובכך אומר] כי כאשר הקיצותי מההתבודדותי בזה [על השלמות האלוקית] – מצאתי כי עודי עמך ואינם דבר זולתך.

ספר העיקרים ב, כה

רבי דוד בן זמרה (רדב"ז; פוסק הלכה ומקובל, 1572–1470, ה'ר"ל-ה'של"ג)

יש בידי קצת שאלות ששאל אחד מן הראשונים מן השמים על ידי התבודדות ותפִלה והזכרת שמות, והיו משיבין לו על שאלותיו.

שו"ת הרדב"ז חלק ג תקלב[18]

האר"י הקדוש (האלוקי רבי יצחק לוריא אשכנזי; ראש המקובלים, 1572–1534, ה'רצ"ד-ה'של"ב)

כל מה שתמצא בדברי הראשונים תוכחות על עוון סגופים ויסורין קשין שלג וחרולים והפסקות ענויים, לא נזכרו אלא למי שאין עמלו בתורה. אבל מי שתורתו אומנתו ויודע דעת ויראת ה', זאת היא תקנתו: לא יחלש ולא יתבטל מלימודו, אך יום אחד מן השבוע יתרחק מבני אדם ויתבודד בינו לבין קונו. ותתקשר מחשבתו בו כאִלו כבר עומד לפניו ביום

הדין. וידבר לאל יתברך רכות כאשר ידבר העבד אל רבו והבן אל אביו.

מצוטט בספר חרדים תשובה ג[19]

רבי אלעזר אזכרי (בעל מוסר ומקובל, 1600–1522, ה'רפ"ב–ה'ש"ס)

וזו היא ששנינו חסידים הראשונים היו שוהים שעה אחת ומתפללים כדי שיכוונו לבם למקום. ופירשו המפרשים דרוצה לומר שהיו מפנים דעתם מעניני העולם, ומקשרים דעתם לאדון הכל יתברך במורא ובאהבה.

[חכמים אלה היו שוהים שעה, מתפללים שעה ואז מחכים עוד שעה לאחר התפילה, בכל אחת משלוש תפילות היום] הרי תשע שעות שהיו בטלים מלמודם למלאכת התבודדות והדבקות. ומדמים אור שכינה שעל ראשיהם כאלו מתפשט סביבם והם בתוך האור יושבים. וכן מצאתי בקונטרס הישן של הפרושים הראשונים.

ספר חרדים, שם[20]

רבי עמנואל פראנסיס (משורר והוגה, 1710–1610, ה'ש"ע–ה'ת"ע)

דרך המשוררים לדבר על עצמם כאלו הם זולתם, כמו "הקבצו ושמעו בני יעקב" (בראשית מט, ב), "נאם

בלעם בנו בעור" (במדבר כד, ג), "עורי עורי דבורה... קום ברק" (שופטים ה, יב) ורבים כאלה. והטעם הוא מפני שמרוב ההתבודדות יתעלה השכל וישאר הגוף כמו בלי נשמה, ונראה להם שהם אינם אלא אחרים...

ותראה מה שהמשוררים לפעמים כשהם מחברים שיריהם משתוממים ואינם מרגישים מאומה מרוב ההתבודדות.

מתק שפתיים (ברלין 1892), עמ' 30

רבי ישראל בעל שם טוב (אבי תנועת החסידות, 1760–1698, ה'תנ"ח–ה'תק"ך)

ויחשוב שהוא עני וידבר תמיד בדברים רכים ותחנונים כמו עני, ויתבודד תמיד מחשבתו עם השכינה, שלא יחשוב רק באהבתו אותה תמיד שהוא מתדבק בו. ויאמר תמיד במחשבתו: "מתי אזכה שישכון עמי אור השכינה".

צוואת הריב"ש ח; ליקוטים יקרים לח[21]

החיד"א (רבי חיים יוסף דוד אזולאי; מנהיג ומקובל, 1806–1724, ה'תפ"ד–ה'תקס"ו)

שורש הכל התבודדות. כי הוא ענין נשגב גדול ורם לזכות לסדר קדושה... [כ]שהוא מתבודד אז קדש ילבש... כאשר יתבודד יהיה דבק בה' אפילו בצרכי גופו.

עבודת הקודש, ציפורן שמיר נא[22]

רבי נחמן מברסלב (מגדולי החסידות, 1810–1772, ה'תקל"ב-ה'תקע"א)

אך לזכות לזה להיכלל בשרשו, דהיינו לחזור ולהיכלל באחדות השם יתברך, שהוא מחויב המציאות – אי אפשר לזכות, כי אם על ידי ביטול, שיבטל עצמו לגמרי עד שיהיה נכלל באחדותו יתברך. ואי אפשר לבוא לידי ביטול, כי אם על ידי התבודדות. כי על ידי שמתבודד ומפרש שיחתו בינו לבין קונו, על ידי זה הוא זוכה לבטל כל התאוות והמדות רעות עד שזוכה לבטל כל גשמיותו, ולהיכלל בשרשו.

ליקוטי מוהר"ן ח"א נב

ג

הארה

מן המקורות הללו ברור שמושג המדיטציה היה ידוע היטב בין הפילוסופים היהודים והמקובלים, ושהמונח ששימש בדרך כלל לתארו הוא "התבודדות". לעומת הפילוסופים, המדברים לעיתים קרובות על התבוננות בלתי סדורה בה' ובבריאתו, האסכולות הקבליות דגלו בדרכים סדורות ותבניתיות יותר של מדיטציה.

מטרת המדיטציה, בפרט כפי שהיא מתוארת על ידי גדולי המקובלים, היא לזכות להארה. המונח הנפוץ ביותר לתיאור הארה שכזו, המשמש בעקביות אצל כל הכותבים, הוא "רוח הקודש".

אף על פי שמונח זה מופיע כמה פעמים ברחבי התנ"ך, במקום אחד ברור במיוחד הקשר שלו להארה. דוד המלך מתפלל באחד ממזמורי תהילים:

לֵב טָהוֹר בְּרָא לִי אֱלֹהִים, וְרוּחַ נָכוֹן חַדֵּשׁ בְּקִרְבִּי.

אַל תַּשְׁלִיכֵנִי מִלְּפָנֶיךָ, וְרוּחַ קָדְשְׁךָ אַל תִּקַּח מִמֶּנִּי.
הָשִׁיבָה לִּי שְׂשׂוֹן יִשְׁעֶךָ, וְרוּחַ נְדִיבָה תִסְמְכֵנִי.

תהילים נא, יב-יד

כפי שראינו, רבי אברהם בן הרמב"ם מפרש ש"לב טהור" זה שדוד המלך התפלל עליו פירושו לב ושׂכל נקיים מכל מחשבה חיצונית, בעקבות מדיטציה עמוקה. דוד המלך אמר מזמור זה אחרי שנתן הנביא הוכיח אותו על עניין בת שבע. קודם לכן היה דוד המלך במדרגה רוחנית גבוהה מאוד, אבל בעקבות הקשר עם בת שבע נלקחה ממנו ההארה הזו. כעת התפלל דוד לזכות שוב ל"לב טהור", ושה' לא ייקח ממנו את ההארה, היא רוח הקודש.

הארה במדרגה של רוח הקודש משמעה בהירות של הבנה, יכולת קליטה מוגברת, מודעות לרוחניות, ולעיתים קרובות שינוי גמור של האישיות. רוח הקודש בהופעתה הנמוכה מורכבת מהארה והשגה כלליות, אבל בהופעותיה הגבוהות, האמיתיות, רוח הקודש מספקת לאדם יכולת השגה ברורה ובהירה, שבאמצעותה יש בכוחו לקבל מידע שלא היה זמין לו באופן אחר (ראו במקורות שבסוף פרק זה).

כדי להבין ביתר בהירות את עניין "רוח הקודש", יש להבין תחילה את מושג ה"רוח". משמעות המונח הזה מתבארת כאשר אנו מבינים את עניין הנשמה בקבלה. בתנ"ך יש שלוש מילים המשמשות להתייחסות לנשמה, והן "נפש", "רוח" ו"נשמה". על פי הקבלה, שלוש אלה מייצגות את המדרגות החשובות ביותר של הנשמה.

אם נתבונן בשורשי המילים הללו, נראה שהמילה "נפש" באה מן השורש נפ"ש, שפירושו מנוחה, כמו בפסוק "וּבַיּוֹם הַשְּׁבִיעִי שָׁבַת וַיִּנָּפַשׁ" (שמות לא, יז).

המילה "רוח" פירושה רוח חיים, ובמקומות רבים מילה זו עצמה פירושה משב אוויר.

ולבסוף, המילה "נשמה" באה מן המילה "נשימה".

גדול המקובלים, האר"י הקדוש, מבאר שלוש מדרגות אלה באמצעות הדימוי של נפח זכוכית.[23] תהליך הניפוח נפתח **בנשימה** של הנפח, הנושף אל תוך צינור כדי לתת צורה לכלי זכוכית. הנשימה הזו עוברת דרך הצינור בתור **רוח**, עד שהיא מגיעה אל הכלי. בסופו של דבר הנשימה נכנסת אל הכלי, ונותנת לו צורה לפי רצון הנפח, ושם היא מגיעה למנוחתה, היא **נופשת**.

אצל הנשמה, ה"נפח" הוא ה' בעצמו. לכן כשהכתוב מתאר את בריאת האדם נאמר "וַיִּיצֶר ה' אֱלֹהִים אֶת הָאָדָם עָפָר מִן הָאֲדָמָה, וַיִּפַּח בְּאַפָּיו נִשְׁמַת חַיִּים, וַיְהִי הָאָדָם לְנֶפֶשׁ חַיָּה" (בראשית ב, ז).[24] הרוח היא אם כן ה"נשימה" של ה' שנכנסת אל תוך הווייתו של האדם.

אף על פי שההשפעה האלוקית מחלחלת בלי הרף בהווייתו של האדם, קשה להבחין בה, כמו האוויר שסביבנו. אפשר לחוש את האוויר רק כאשר הוא בתנועה, כאשר אנו חשים אותו בתור רוח. בדומה לכך, הרוח האלוקית מורגשת רק בשעה שהיא נעה בתוכנו, ולכן היא מכונה "רוח", כמו משב אוויר.

הדבר ניכר גם משורש המילה **רוח**. מילה זו קשורה למילה "אוֹרֵח", וגם למילה "אוֹרַח", כלומר דרך. שתי המילים

הללו מציינות דבר שאיננו מצוי בקביעות, וגם תנועה ומעבר ממקום למקום. באותו אופן, רוח אינה המצב הרגיל של האוויר, אלא מתהווה כתוצאה של תנועה.

המילה **רוח** קרובה עוד יותר למילה "ריח". כשם שהריח מורגש אף שאין הוא ניכר לעין, כך גם ההשראה הקשורה ברוח.

המדרגה הגבוהה מבין שלוש המדרגות היא מדרגת **נשמה**, שהיא "הנשימה של ה'", ואילו הנמוכה מביניהן היא מדרגת **הנפש**, זו שנחה בתוך האדם. החלק שמקשר בין השתיים הוא מדרגת **רוח**. לכן, כשה' רוצה להאיר אדם או להעביר לו מסר כלשהו, הוא מוסר זאת באמצעות מדרגת הרוח. על אדם כזה אנו אומרים שהוא זכה **לרוח הקודש**.

זהו, אם כן, המושג רוח הקודש, ההארה שאליה אדם שואף במדיטציה. התנ"ך מתייחס אליה בבירור בפסוקים כגון: "יֵעָרֶה עָלֵינוּ רוּחַ מִמָּרוֹם" (ישעיהו לב, טו). רוח הקודש גם קרובה מאוד לנבואה, כפי שניכר בפסוק "אֶשְׁפּוֹךְ אֶת רוּחִי עַל כָּל בָּשָׂר וְנִבְּאוּ בְּנֵיכֶם וּבְנוֹתֵיכֶם" (יואל ג, א).

כל הדברים בתחום הרוחני מורכבים מעשר מדרגות, המקבילות לעשר הספירות, שהן עשר נביעות אלוקיות, שהקבלה דנה בהן בהרחבה. כל אחת משלוש המדרגות של הנשמה כוללת גם היא עשר מדרגות אלה. כיוון שמדרגת הרוח גבוהה ממדרגת הנפש, אדם צריך לעלות דרך כל עשר מדרגות הנפש קודם שיגיע אל הרוח. לכן, כדי להשיג את הארת רוח הקודש, אדם צריך לזכך תחילה את כל עשר מדרגות הנפש שלו.[25]

ישנן שיטות שנועדו במיוחד לזכך את עשר המדרגות

האלה. אלה הם עשרת השלבים בדרך לרוח הקודש המתוארים בדברי חז"ל:[26]

תורה
זהירות
זריזות
נקיות
פרישות
טהרה
חסידות
ענווה
יראת חטא
קדושה

על פי הסולם הזה, אדם מתחיל בלימוד וקיום קבוע של **התורה**, וזה מוביל אותו ל**זהירות** שלא לעבור על שום הלכה. השלב הבא הוא **זריזות** מתמדת לעשות כל מצווה, ואז לחיות חיים **נקיים** לחלוטין, הן במחשבה הן במעשה. לאחר מכן האדם מגיע למדרגה שהוא **פורש** אף מן הדברים המותרים לו, אם הם עלולים להוביל אותו לחטא. ברגע שהדבר מושג, הוא יכול **לטהר** עצמו מכל הרע, בעבר ובהווה.

האדם מוכן אז לחיות חיים של יראת שמיים, **להתחסד** עם קונו הרבה מעבר לצו ההלכה, ודבר זה מביא אותו **לענווה**, כלומר ביטול האגו. ממקום זה האדם יכול להגיע לכזו השגה של הטוב, שהוא ממש **ירא מן החטא** ומודע לחלוטין לבנליות

של הרוע. משהשיג זאת, האדם מוכן לעלות אל השלב הגבוה ביותר בסולם זה – **הקדושה**, השלילה המוחלטת של הגשמי.

השלב הבא מייד אחרי השלב העשירי, שלב הקדושה – הוא **רוח הקודש**. עשרה שלבים אלה הם למעשה תוכנית חינוכית לאדם שמבקש להשיג הארה אמיתית.

מעניין לציין שאחד מספרי המוסר המקובלים ביותר, **מסילת ישרים**, מאת רבי משה חיים לוצאטו (הרמח"ל, 1707-1744, ה'תס"ז-ה'תק"ד), אינו אלא פירוש לעשרת השלבים הללו. ספר זה נלמד על ידי אנשים מכל הזרמים, הסגנונות ושלבי החיים, אך מעטים מבינים שהוא נכתב במקורו כספר הדרכה עבור מתחילים שמבקשים להיכנס בשערי המחוזות הגבוהים ביותר של ההארה. ואולם, מי שיש לו רקע בקבלה מבין מייד שעשרת השלבים הנידונים בספר זה מקבילים ישירות לעשר הספירות. המלאכה שעשה הרמח"ל בספרו זה היא למעשה קטלוג של מאמרי המוסר בתנ"ך, בתלמודים ובמדרשים על פי עשר מדרגות אלה.

אף על פי שהמקובלים מספקים כוונות (מדיטציות) מפורטות רבות שמיועדות להשיג את רוח הקודש, ישנה הסכמה כללית שאפשר להשיג מדרגה זו גם באמצעות תפילה ועבודת ה' נמרצת. מטעם זה, קודם שרבי חיים ויטאל מתאר את מערכת הכוונות שנועדו להשיג הארה שכזו, הוא אומר: "באופני השמוש בהשגת רוח הקדש... אפשר שתושג... על ידי קדושת האדם ועוסקו בתורה מבלי הצטרך מעשה אחר".[27]

התפיסה הזו אינה מוגבלת למקובלים בלבד. היא מבוססת למעשה על מדרש עתיק, האומר כך: "קורא אדם

תורה נביאים וכתובים, וישנה הלכות ומדרש, וירבה בישיבה וימעט בסחורה – מיד רוח הקודש שורה בתוך מעיו".[28] מקור קדום עוד יותר, מימי התנאים, אומר: "כל המקבל עליו מצוה אחת באמנה – כדאי הוא שתשרה עליו רוח הקדש".[29]

פרט חשוב נוסף ביחס להארת רוח הקודש הוא התחולה הכללית שלה. היא אינה מוגבלת לאנשים או למקומות מסוימים, כפי שלימד אליהו הנביא לתלמידיו: "מעיד אני עלי את השמים ואת הארץ: בין ישראל בין עכו"ם, בין איש בין אשה, בין עבד ובין שפחה – הכל לפי המעשה שהוא עושה, כך רוח הקודש שורה עליו".[30] חשוב לציין שמאמר זה מצוטט בכמה מספרי הקבלה העוסקים במדיטציה.[31] ההארה העתידית של כל האנושות מובעת גם בנבואת יואל, שאמר בשם ה': "אֶשְׁפּוֹךְ אֶת רוּחִי עַל כָּל בָּשָׂר" (יואל ג, א).

מקורות

רמב"ם (רבי משה בן מימון; מגדולי הפילוסופים והפוסקים, 1204–1138, ד'תתצ"ח-ד'תתקס"ה)

מיסודי הדת לידע שהאל מנבא את בני האדם, ואין הנבואה חלה אלא על חכם גדול בחכמה גבור במדותיו ולא יהא יצרו מתגבר עליו בדבר בעולם אלא הוא מתגבר בדעתו על יצרו תמיד והוא בעל דעה רחבה נכונה עד מאד.

אדם שהוא ממולא בכל המדות האלו, שלם בגופו, כשיכנס לפרדס וימשך באותן הענינים הגדולים הרחוקים ותהיה לו דעה נכונה להבין ולהשיג, והוא מתקדש והולך ופורש מדרכי כלל העם ההולכים במחשכי הזמן, והולך ומזרז עצמו ומלמד נפשו שלא תהיה לו מחשבה כלל באחד מדברים בטלים ולא מהבלי הזמן ותחבולותיו, אלא דעתו פנויה תמיד למעלה, קשורה תחת הכסא להבין באותן הצורות הקדושות הטהורות, ומסתכל בחכמתו של הקדוש ברוך הוא כולה מצורה ראשונה עד טבור הארץ ויודע מהן גדלו – מיד רוח הקודש שורה עליו. ובעת שתנוח עליו הרוח תתערב נפשו במעלת המלאכים הנקראים אישים, ויהפך לאיש אחר. ויבין בדעתו שאינו כמות שהיה אלא שנתעלה על מעלת שאר בני אדם החכמים,

כמו שנאמר בשאול "[וצלחה עליך רוח ה'] והתנבית עמם ונהפכת לאיש אחר" (שמואל א' י, ו).

משנה תורה, הלכות יסודי התורה ז, א[32]

רמח"ל (רבי משה חיים לוצאטו; מגדולי המקובלים ופילוסוף, 1707–1744, ה'תס"ז–ה'תק"ד)

[א] הנה חקק הבורא, יתברך שמו, בטבעו של האדם, שיהיה מתלמד מבין ומשכיל בהשקיפו על הנמצאים ובחינותיהם, וממה שמתגלה לפניו יתבונן וידרוש את שאינו מתגלה, עד שישיגהו ויעמוד עליו – וזהו דרך ההשכלה הטבעית. אמנם עוד גזר, שתימצא לו השכלה מעולה מזו מאד, והיא ההשכלה הנשפעת, והיינו שיושפע לו שפע ממנו, יתברך שמו, על ידי איזה אמצעים שהכין לזה, ובהגיע השפע ההוא אל שכלו, תוקבע בו ידיעת ענין מה בברור בבלתי ספק ובבלתי טעות, וידע הדבר בשלמות, סיבותיו ותולדותיו, כל דבר במדרגתו, וענין זה נקרא "רוח הקודש".

[ב] והנה בדרך זה ישיג ענינים מה שבגדר ההשכלה הטבעית, אך ביותר ברור, וכמו שזכרנו, וישיג גם כן ענינים מה שאין בגדר ההשכלה הטבעית שתשיגם, ומכלל זה העתידות ונסתרות.

[ג] ואולם, מדרגות על מדרגות נמצאו בדבר, בין בענין

כח השפע הנשפע, בין בזמן הישפעו, בין בדרך הגיעו אל האדם, ובמהות הדברים המתגלים ונודעים לו על ידי זה, אמנם בכולן תהיה ההשפעה בדרך שירגיש בה המושפע בברור, אכן עוד יקרה, שישופע בלב האדם שפע שיעמידהו על תוכן ענין מהענינים, אך לא ירגיש בו המושפע אלא כמו שנופלת מחשבה בלבבו וייקרא זה לפעמים על דרך הרחבה "רוח הקודש" בדברי חכמינו, זכרונם לברכה, או השפעה נסתרת; אבל רוח הקודש באמת הוא שיהיה ניכר ונרגש בברור לבעליו, וכמו שזכרנו.

[ד] ואמנם למעלה מכל זה יש מעלה אחרת, והיא – הנבואה. וענינה, שיגיע האדם ויתקשר בבורא, יתברך שמו, ויתדבק בו דבקות ממש, באופן שירגיש ההתדבקות וישיג מה שהוא מתדבק בו, דהיינו כבודו, יתברך שמו, על הדרך שנבאר לפנים, ויהיה הדבר ברור אצלו ומורגש ממנו בלי ספק כלל, כדרך שלא יסתפק בדבר גשמי שירגישהו בחושיו.

[ה] והנה עיקר הנבואה הוא השיג הדבקות והקשר הזה עודו בחיים, שזה שלמות גדולה ודאי; ואולם יתלוו לזה ידיעות והשכלות כי אמנם ישיג על ידי זה ענינים אמיתיים ונכבדים מאד מסתרי סודותיו של הקדוש ברוך הוא, וישיגם בברור בדרך ההשכלה הנשפעת שזכרנו וביותר כח מבעלי רוח הקודש, וכמו שנבאר עוד בסייעתא דשמיא.

דרך ה' ח"ג ג, א–ה

חלק שני

הנביאים

א
כוח רוחני

רבים מחשיבים את נביאי התנ"ך כלא יותר מדוברים ותועמלנים, שדיברו נגד חטאי עמם ומלכיהם. מה שלא ידוע כל כך הוא העובדה שהנביאים הללו היו מגדולי המיסטיקנים בכל הזמנים, ועסקו באופן פעיל בטכניקות המדיטטיביות הגבוהות ביותר. עדות לכוח הרוחני הגדול של הנביאים היא כוחו של המסר שלהם, שגם אחרי שלושת אלפים שנה עדיין משפיע על חלק גדול מן האנושות.

טעם אחד לכך שהנביאים אינם מוכרים כמיסטיקנים הוא שכולם, מלבד יחזקאל, מספרים מעט מאוד על חוויותיהם המיסטיות. בתנ"ך תועדו רמזים עמומים בלבד על הטכניקות שלהם, וכדי לנסות לעמוד עליהן אנחנו נאלצים להישען לחלוטין על הטכניקות של המקובלים, ששימרו כמה ממסורות הנביאים. רק דרך כתבי המקובלים נוכל לזכות להצצה כלשהי אל עולמם המופלא של נביאי התנ"ך.

קודם שנתחיל לדון בנביאים, עלינו לברר את המשמעות המדויקת של המילה "נביא".

לפי כמה מקורות קדומים, המילה "נביא" באה מאותו שורש של המילה "ניב", כבפסוק "בּוֹרֵא נִיב שְׂפָתָיִם" (ישעיהו נז, יט).[1] על פי זה, המשמעות העיקרית של התואר נביא היא אכן של דובר, בפרט כזה שמדבר בשם ה'. אולם ישנם פסוקים אחרים, שבהם מילה זו משמשת לציין דובר בכלל, לא רק של ה', כמו בפסוק "וְאַהֲרֹן אָחִיךָ יִהְיֶה נְבִיאֶךָ" (שמות ז, א).

על פי מבט זה, הפועל "לנבא" מתייחס למבע המילולי של הגילוי השמימי. בכך הוא יכול להיות קשור למילה "לנבוח", שפירושה גם לזעוק.

אולם אחרים חולקים על דעה זו וטוענים שהמשמעות העיקרית של המילה "נביא" היא של צינור או ערוץ שדרכו הכוח הרוחני יכול לזרום. המדקדק המפורסם רבי שלמה פפנהיים (1750-1814, ה'תק"י-ה'תקע"ד), קובע שהמילה קשורה לשורש בו"א.[2] על פי זה, היכולת העיקרית של הנביא היא להביא כוח רוחני ממרום ולתעלו להיכן שהוא נצרך. כפי שנראה להלן, דעה זו נתמכת בסיפור המקראי על אחד מחזונות יחזקאל.

דעה דומה מושמעת על ידי מדקדק והוגה נוסף, רבי שמשון רפאל הירש (1808-1888, ה'תקס"ח-התרמ"ט). לדעתו המילה "נביא" קרובה לשורש נב"ע, כמו מעיין שנובע.[3] לשורש זה יש גם משמעות של הבעה ותקשורת.[4] הנביא הוא זה שמסוגל "להנביע" את הרוח, לתקשר עם האלוקי ולהביע את רצון ה'.

שורשים קרובים נוספים הם בי"ב או נב"ב, שמשמעות שניהם היא "חלול", כמו בפסוק "וְאִישׁ נָבוּב יִלָּבֵב" (איוב יא, יב). בהקשר הזה, הנביא הוא האיש שמחולל בתוכו חלל גמור, מפנה מעצמו את כל האגו, וכך, כמו צינור חלול־נבוב (או ביב) הוא הופך עצמו לערוץ לרוח האלוקית. אדם שכזה מגיע אז למדרגת דוד המלך, שהעיד על עצמו "וְלִבִּי חָלַל בְּקִרְבִּי" (תהילים קט, כב). פסוק זה מלמד שדוד המלך ביטל לגמרי את האגו שלו, וכך צריך לעשות הנביא קודם שיוכל לשמש כלי לאלוקות.[5]

הניתוח הדקדוקי הזה חשוב, אך תמונה ברורה יותר עולה כאשר אנו מתבוננים בהקשר של המילה. גם כאן אנו נוכחים לדעת ש"לנבא" פירושו לא רק לדבר בשם ה', אלא יותר מכך.

הדוגמה הברורה ביותר מופיעה ביחס ליחזקאל הנביא, עם חזון העצמות היבשות שלו. קודם שהעצמות האלה קמו לתחייה, ה' אמר לנביא "הִנָּבֵא אֶל הָרוּחַ, הִנָּבֵא בֶן אָדָם, וְאָמַרְתָּ אֶל הָרוּחַ: כֹּה אָמַר אֲ־דֹנָי ה', מֵאַרְבַּע רוּחוֹת בֹּאִי הָרוּחַ וּפְחִי בַּהֲרוּגִים הָאֵלֶּה וְיִחְיוּ" (יחזקאל לז, ט). ה' לא אומר ליחזקאל להיות הדובר שלו או לחזות את העתיד, אלא לתעל כוח רוחני אל תוך הגופים המתים הללו. הכוח הרוחני הזה היה כה עוצמתי, עד שהייתה לו היכולת להקים את המתים לתחייה, פשוטו כמשמעו.[6]

שלוש פעמים בסיפור הזה נאמר ליחזקאל להתנבא, ובכל אחת מהן ברור שהנבואה היא תיעול ו"הבאה" של כוח רוחני. חשוב לציין שבכל שלוש הפעמים המילה "הִנָּבֵא" מובאת בסמיכות למילה מן השורש בו"א.[7] הופעת שתי המילים

האלה בכל שלושת המופעים אינה צירוף מקרים, אלא משחק מילים מכוון, המלמד שהנביא הוא מי **שמביא** ונושא כוחות רוחניים.

פרשנות זו מבהירה כמה קטעים עמומים מאוד שמדברים על נבואה. האזכור הראשון לנביא בתנ"ך מופיע אחרי שניסה אבימלך לקחת את שרה מאברהם אבינו, והוזהר על ידי ה' בחלום שלא לעשות כן. ה' אומר אז לאבימלך "וְעַתָּה הָשֵׁב אֵשֶׁת הָאִישׁ כִּי נָבִיא הוּא וְיִתְפַּלֵּל בַּעַדְךָ וֶחְיֵה" (בראשית כ, ז). ישנם כמה ניסיונות מאולצים לבאר מדוע הכתוב מזכיר שאברהם הוא נביא, ואיזו השפעה תהיה לכך על תפילתו. אבל אם אנו מבינים שעיקר כוחו של הנביא הוא לתעל אנרגיה רוחנית, הטעם ברור. באמצעות תפילתו אברהם היה מסוגל לתעל אנרגיה רוחנית שכזו, ולכן הייתה קיימת סבירות גבוהה שתפילתו תפעל את פעולתה.

ה' אומר למשה "רְאֵה נְתַתִּיךָ אֱלֹהִים לְפַרְעֹה וְאַהֲרֹן אָחִיךָ יִהְיֶה נְבִיאֶךָ" (שמות ז, א). כפי שכבר ראינו, דווקא מפסוק זה למדו כמה מהמפרשים שהנביא הוא בראש ובראשונה דובר או מתורגמן. אלא שלמעשה, אם מתבוננים בזהירות בסיפור, מגלים שמשה, ולא אהרן, הוא שדיבר אל פרעה, ומכאן שאהרן מעולם לא פעל כדובר במובן זה. ובכל זאת, אנו מגלים דבר אחר על אהרן: הוא היה זה שחולל את הניסים הראשונים. לכן נאמר על אהרן שהוא נביאו של משה, מפני שהוא זה שתיעל את האנרגיה הנבואית הנצרכת לחולל את הניסים הללו.

כמובן, תיעול האנרגיה הרוחנית הזו יכול מדי פעם לחולל מסר נבואי. זהו למעשה ההבדל העיקרי בין הנביא ובין

מיסטיקנים אחרים. בעוד ההתנסויות של מיסטיקנים אחרים אינן חדות וברורות, אלה של הנביא הן ברורות ומוגדרות. אחד מן הקשיים הגדולים ביותר של המיסטיקן הוא לתאר את ההתנסות המיסטית. קושי זה קשור בטבעה המעורפל והבלתי ניתן לביטוי של החוויה המיסטית, שאף במדרגות הגבוהות ביותר שלה היא אינה יותר מתחושה כללית של כוח רוחני. הנביא האמיתי, לעומת זאת, מסוגל לתעל את הכוח הרוחני הזה, למקד אותו באופן ברור דיו, כדי להפיק מסר או חזון שאינם עמומים.

היכולת למקד אנרגיה רוחנית הייתה משימה שדרשה משמעת חזקה ושנים רבות של אימון אינטנסיבי. המילה שהתנ"ך משתמש בה היא "להתנבא", בפועל חוזר, שמשמעותו המילולית שהנביא "מנבא את עצמו". פשר הדבר הוא שהנביא ממקד אנרגיה רוחנית אל תוך עצמו ומנסה להשיג מסר ברור בשעה שהוא מצוי במצב תודעתי מיסטי.

דרך נוספת שבה הנביא יכול למקד כוח רוחני היא לגרום לאחרים לחוות התנסות נבואית. מקרה ברור שכזה אירע עם שבעים הזקנים, כשה' אמר למשה "וְאָצַלְתִּי מִן הָרוּחַ אֲשֶׁר עָלֶיךָ וְשַׂמְתִּי עֲלֵיהֶם" (במדבר יא, יז). רעיון דומה מופיע בסיפור חווייתו הנבואית של שאול המלך, שאירעה כאשר שמואל יזם שקבוצה מתלמידיו תמקד אנרגיה נבואית בשאול. הכתוב מספר "וַיָּבֹאוּ שָׁם הַגִּבְעָתָה, וְהִנֵּה חֶבֶל נְבִאִים לִקְרָאתוֹ, וַתִּצְלַח עָלָיו רוּחַ אֱלֹהִים וַיִּתְנַבֵּא בְּתוֹכָם" (שמואל א' י, י).

הדוגמה המפתיעה ביותר לכך היא כאשר אנו מוצאים אנשים שמוכנסים אל מצב נבואי נגד רצונם. דוד המלך ברח

מפני זעמו של שאול ונמלט אל בית מדרשו של שמואל ברמה. הכתוב מספר "וַיִּשְׁלַח שָׁאוּל מַלְאָכִים לָקַחַת אֶת דָּוִד, וַיַּרְא אֶת לַהֲקַת הַנְּבִיאִים נִבְּאִים וּשְׁמוּאֵל עֹמֵד נִצָּב עֲלֵיהֶם, וַתְּהִי עַל מַלְאֲכֵי שָׁאוּל רוּחַ אֱלֹהִים וַיִּתְנַבְּאוּ גַּם הֵמָּה" (שמואל א׳ יט, כ). יש לשים לב שהכתוב אומר שלהקת הנביאים של שמואל היו "נִבְּאִים", בפועל ישיר, כלומר עסקו בהעברת אנרגיה נבואית ומיקודה על אנשיו של שאול. דבר זה גרם ששליחיו של שאול "וַיִּתְנַבְּאוּ גַּם הֵמָּה", בבניין התפעל, כלומר בפועל חוזר: הם הוצפו בחוויה נבואית שהופנתה לתוכם פנימה.

הסיפור ממשיך לתאר כיצד שלח שאול שלוש קבוצות שליחים, וכיצד כולם נכבשו באותו אופן. בסוף הלך שאול עצמו ללכוד את דוד, וגם עליו התגברה רוח נבואה באותו אופן. אם לא נאמר שאפשר לתעל, להקרין ולכפות את הכוח הנבואי על אדם אחר, הסיפור כולו יצטרך להתפרש באופן רחוק מאוד מפשוטו של מקרא.

מקורות

רמב"ם

[ב] הנביאים מעלות מעלות הן, כמו שיש בחכמה חכם גדול מחבירו כך בנבואה נביא גדול מנביא.

וכולן אין רואין מראה הנבואה אלא בחלום בחזיון לילה, או ביום אחר שתפול עליהן תרדמה כמו שנאמר "במראה אליו אתודע בחלום אדבר בו" (במדבר יב, ו).

וכולן כשמתנבאים אבריהן מזדעזעין וכח הגוף כשל ועשתנותיהם מתטרפות ותשאר הדעת פנויה להבין מה שתראה, כמו שנאמר באברהם "והנה אימה חשכה גדולה נופלת עליו" (בראשית טו, יב), וכמו שנאמר בדניאל "[ולא נשאר בי כח] והודי נהפך עלי למשחית ולא עצרתי כח [ואשמע את קול דבריו וכשמעי את קול דבריו ואני הייתי נרדם על פני ופני ארצה]" (דניאל י, ח-ט).

[ג] הדברים שמודיעים לנביא במראה הנבואה, דרך משל מודיעין לו, ומיד יחקק בלבו פתרון המשל במראה הנבואה וידע מה הוא, כמו הסולם שראה יעקב אבינו ומלאכים עולים ויורדים בו והוא היה משל למלכיות ושעבודן, וכמו החיות שראה יחזקאל והסיר נפוח ומקל שקד שראה ירמיה והמגלה שראה יחזקאל והאיפה שראה זכריה, וכן שאר הנביאים, מהם אומרים המשל ופתרונו כמו אלו, ויש שהן אומרים הפתרון בלבד, ופעמים אומרים המשל בלבד בלא

פתרון כמקצת דברי יחזקאל וזכריה וכולן במשל ודרך חידה הם מתנבאים...

[ה] אלו שהם מבקשין להתנבא הם הנקראים "בני הנביאים",[8] ואף על פי שמכוונים דעתם אפשר שתשרה שכינה עליהן ואפשר שלא תשרה...

[ז] הנביא אפשר שתהיה נבואתו לעצמו בלבד להרחיב לבו ולהוסיף דעתו עד שידע מה שלא היה יודע מאותן הדברים הגדולים.

ואפשר שישולח לעם מעמי הארץ או לאנשי עיר או ממלכה לכונן אותם ולהודיעם מה יעשו או למונעם ממעשים הרעים שבידיהם.

משנה תורה, הלכות יסודי התורה ז, ב-ז

רמח"ל

[ה] אך דרך ההשגה הזאת היא, שתהיה על ידי אמצעים, שלא יתדבק האדם ולא ישיג את כבודו, יתברך שמו, כמו שרואה את חבירו לפניו, אלא על ידי משרתים, ישמשו להשגה שימוש הזכוכית לעין, שעל ידם יושג הכבוד; אך המושג – באמת יהיה הכבוד ולא אחר, אלא שתשתנה ההשגה כפי שינוי האמצעים, כראייה באספקלריות; וייבחנו בזה מדרגות: הריחוק והקירוב, ובהירות האספקלריא ועכירותה.

[ו] והנה בהיגלותו, יתברך שמו, ובהישפע שפעו על הנביא, תגבר עליו תגבורת גדולה, ומיד חומרו וכל אברי גופו יזדעזעו ויחשבו להתהפך, כי זה מחוק החומר

שלא לסבול גילוי הרוחניות, כל שכן גילוי כבודו, יתברך שמו. והנה הרגשותיו ייבטלו וגם פעולותיו הנפשיות לא יפעלו כלל מעצמן, אבל תשארנה כולן תלויות בו, יתברך שמו, ובשפעו הנשפע.

והנה מצד ההתדבקות שנשמתו מתדבקת, תתווסף בה מציאות השכלה, חוץ מגדר כל ההשכלה האנושית לגמרי, כי תהיה ההשכלה בה לא מצד מה שהיא בעצמה, אלא מצד היות השורש העליון מתקשר בה, ואז מה שתשיג יהיה בדרך יותר נשגב ממה שהוא המושג ממנה מצד עצמה.

ובזה יפה כחו של הנביא מבעל רוח הקודש אפילו בהשגת הידיעות, כי הרי הוא משכיל בהשכלה עליונה מכל השכלה שאפשר לאדם, והיא השכלה בבחינת היותו קשור בבוראו, יתברך שמו.

והנה גילוי כבודו, יתברך, הוא יהיה הפועל בכל מה שיימשך לנביא בנבואתו, והנה ממנו יימשך בכח הדמיון שבנפש הנביא, ויצויירו בו ענינים, מה שיוכרח בו מכח הגילוי העליון, ולא מצד עצמו כלל, ומתוך הדמיונות ההם תימשך בו מחשבה והשכלה, שחקיקתה תהיה מכח הכבוד המתגלה, ויישאר הענין קבוע בשכלו, שגם כאשר ישוב למצבו האנושי תימצא הידיעה בו בבירורה...

[א] הנה הנביא, כשיגיע למדרגת הנבואה בשלמות, ישיג את כל המגיע לו בהשגה ברורה ובידיעה שלמה,

פירוש – כי אף על פי שלפי ההדרגה שזכרנו בפרק הקודם יקדמו לו הדמיונות ואחר כך יגיע אל המחשבה, כפי הדרכים שזכרנו, הנה בהגיעו אל ברור נבואתו ישיג היותו נביא באמת, פירוש – היותו מתקשר בו יתברך והיותו, יתברך שמו, מתגלה לו ופועל בו כל אותן הפעולות, וישיג היות הדמיונות אשר נצטיירו בו דמיונות נבואיים נפעלים משפעו, יתברך שמו, השופע עליו, והיקבע בו ידיעת הענין אשר ייקבע על ידי שפעו זה, ולא יישאר לו שום ספק, לא בנבואתו ולא בבחינותיה, לא הקודמות ולא הנמשכות.

דרך ה׳ ח״ג ג, ה-ו; ד, א

ב

חזון יחזקאל

במקומות ספורים בלבד הנביאים מאפשרים לנו להציץ אל תוך החוויה שלהם, כך שיתאפשר לנו להבין בדיוק מה הנבואה כוללת. אחד מיוצאי הדופן המרהיבים הוא חזונו של יחזקאל, שבו עושר הפרטים כה גדול עד שקשה לנתח אותו. חזון יחזקאל זכה לפירושים רבים, אבל הביאור הבהיר ביותר מצוי בתורתם של המקובלים המוכרים.

בכללות, הנביא רואה לנגד עיניו ארבע מדרגות. המדרגה החשובה ביותר היא מדרגת ה"חיות", ישויות שמימיות מלאות חיים. החיות מזוהות בהמשך עם הכרובים, כמו שהנביא אומר "וַיֵּרֹמּוּ הַכְּרוּבִים הִיא הַחַיָּה אֲשֶׁר רָאִיתִי בִּנְהַר כְּבָר" (יחזקאל י, טו). נהר כבר הוא כמובן המקום שבו ראה יחזקאל את חזונו הראשון הגדול.

מתחת למדרגת החיות ראה הנביא את האופנים, יצורים שמימיים דמויי גלגלים. יחזקאל אומר אפוא "וָאֵרֶא הַחַיּוֹת וְהִנֵּה אוֹפַן אֶחָד בָּאָרֶץ אֵצֶל הַחַיּוֹת לְאַרְבַּעַת פָּנָיו" (יחזקאל א, טו).

לאחר מכן הנביא רואה רקיע מעל ראשי החיות. ואז הוא מביט גבוה יותר, ומתאר את שהוא רואה: "וּמִמַּעַל לָרָקִיעַ אֲשֶׁר עַל רֹאשָׁם כְּמַרְאֵה אֶבֶן סַפִּיר דְּמוּת כִּסֵּא, וְעַל דְּמוּת הַכִּסֵּא דְּמוּת כְּמַרְאֵה אָדָם עָלָיו מִלְמָעְלָה" (יחזקאל א, כו). כאן אנו פוגשים את שתי המדרגות הבאות: תחילה את הכיסא, הנקרא גם כיסא הכבוד, ולאחר מכן את ה"אדם" שעליו.

המקובלים מבארים שיחזקאל צפה בארבעת העולמות העליונים. בספרות הקבלה עולמות אלה נידונים בפירוט רב, והם נתפסים כמקבילים לארבע אותיות השם המפורש. שמות העולמות האלה הם: **אצילות**, **בריאה**, **יצירה**, **עשייה**. הם רמוזים בפסוק "כֹּל הַנִּקְרָא בִשְׁמִי וְלִכְבוֹדִי [אצילות] בְּרָאתִיו [בריאה] יְצַרְתִּיו [יצירה] אַף עֲשִׂיתִיו [עשייה]" (ישעיהו מג, ז).[9]

הגבוה מבין ארבעת העולמות הללו הוא עולם **האצילות**, שבפסוק מכונה "כבודי". זהו עולם עשר הספירות, הנביעות האלוקיות, ובחזון יחזקאל הוא מיוצג על ידי ה"אדם" שעל הכיסא.

כדי להבין זאת עלינו לזכור שבמקומות רבים התנ"ך מדבר על ה' כאילו הוא בעל גוף. במקומות רבים בכתוב אנו פוגשים האנשות כגון "יד ה'" או "עין ה'". במחשבה ראשונה הדבר קשה מעט להבנה, כיוון שברור ומוסכם שלה' אין גוף ואין דמות הגוף, והוא לחלוטין בלתי גשמי.

מדרש עתיק פותר שאלה זו בכך שהוא מלמד שאנו "מכנין אותו ומדמין אותו לבריותיו, כדי לשבר את האוזן מה שיכולה לשמוע".[10] עם זאת, הכתוב איננו רומז מה מייצג כל אחד מהמונחים המאנישים. אולם בקבלה הדברים מפורשים

יותר: החלקים שונים של ה"גוף" האלוקי מייצגים את הספירות השונות. אחד מהניסוחים הבהירים לכך מצוי בהקדמה לתיקוני זוהר, בקטע המכונה "פתח אליהו", שם נאמר:

	תרגום:
חֶסֶד – דְּרוֹעָא יְמִינָא	חסד – זרוע ימין
גְּבוּרָה – דְּרוֹעָא שְׂמָאלָא	גבורה – זרוע שמאל
תִּפְאֶרֶת – גּוּפָא	תפארת – הגוף
נֶצַח וְהוֹד – תְּרֵין שׁוֹקִין...	נצח והוד – שתי הרגליים
חָכְמָה – מוֹחָא...	חכמה – המוח
בִּינָה – לִבָּא...	בינה – הלב
כֶּתֶר עֶלְיוֹן... – אִיהוּ קַרְקַפְתָּא דִתְפִלֵּי.	כתר עליון – הוא מקום התפילין.

אליהו הנביא מתייחס כמובן לספירות. שבע הספירות התחתונות רמוזות בפסוק "לְךָ ה' הַגְּדֻלָּה וְהַגְּבוּרָה וְהַתִּפְאֶרֶת וְהַנֵּצַח וְהַהוֹד כִּי כֹל בַּשָּׁמַיִם וּבָאָרֶץ, לְךָ ה' הַמַּמְלָכָה וְהַמִּתְנַשֵּׂא לְכֹל לְרֹאשׁ" (דברי הימים א' כט, יא).[11] כיוון שספירות אלה מייצגות את החלקים השונים של ה"גוף" האלוקי, יחזקאל ראה אותן בדמות "אדם" שיושב על הכיסא.

העולם הבא בתור הוא עולם **הבריאה**, שמכונה גם עולם הכיסא. הוא מיוצג על ידי הכיסא שבחזון יחזקאל. כיוון שהוא רואה את הכיסא הזה "מִמַּעַל לָרָקִיעַ אֲשֶׁר עַל רֹאשָׁם" של החיות, ברור שעולם הכיסא גבוה מעולם המלאכים.

בכללות, "ישיבה" משמעה הנמכה, ולכן כשאנו אומרים שה' "יושב", זהו משל לכך שהוא "מנמיך" את עצמו כדי להתעניין בעולם.[12] הכיסא הוא המקום שבו ה' "יושב" ולכן הוא הכלי להנמכה ולהתעניינות הזו, כלומר לסך הכוחות הקשורים בהשגחתו.[13]

החלק בנשמת האדם שמגיע לעולם הבריאה הוא הנקרא **נשמה**. המדרגה הגבוהה הזו של הנשמה היא ה"נשימה" של ה', ומסמלת את השלב הראשון של "הנמכת" ה', שלב שנועד לברוא את האדם ולהתעניין בגורלו.

המדרגה הבאה היא עולם **היצירה**, שהוא עולם המלאכים. המלאכים נחשבים בראש ובראשונה לשליחים, ולכן עולם זה נתפס כמקשר בין השגחתו של ה' ובין העולם הזה, התחתון.

עולם היצירה מקביל למדרגת **רוח** בנשמת האדם. הרוח היא מדרגת הנשמה שמבטאת תקשורת בין חלקים. מטעם זה נאמר לעיתים קרובות על הנבואה, שהיא מגיעה על ידי המלאכים.[14] כיוון שיחזקאל רואה את החזון שלו במדרגת רוח, הוא מופיע כעומד בעולם החיות.

ולבסוף ישנו עולם **העשייה**, הכולל את העולם הגשמי ואת מקבילו הרוחני. המלאכים של עולם העשייה הם האופנים, או ה"גלגלים", ואלו הם האופנים שראה יחזקאל תחת רגלי החיות. בנשמת האדם עולם העשייה מקביל למדרגת **הנפש**, שבה הרוחני בא במגע עם הגשמי.

על פי המקובלים, יחזקאל עצמו הגיע אל עולם היצירה, ומנקודת מבט זו הוא ראה את חזונו. לכן הוא מספר שהוא

"ראה" את החיות, כיוון שאלו הם המלאכים שמאכלסים את עולם היצירה.

ה"כיסא", לעומת זאת, היה בעולם הגבוה מנקודת מבטו של יחזקאל, והוא נראה רק כפי שהוא משתקף בעולם היצירה. לכן הנביא אומר שהוא ראה "כְּמַרְאֵה אֶבֶן סַפִּיר **דְּמוּת** כִּסֵּא".[15]

אם נבחן היטב את חזון יחזקאל נראה שחלק גדול מן המבנה של המערכת הקבלית לקוח משם. אולם אין זה הנושא העיקרי של דיוננו. חשובה בהרבה מכך היא המסורת בגמרא שחזון יחזקאל מכיל את המפתח לכלל התהליך הנבואי. בלשון חכמים הדבר נקרא "מעשה מרכבה".[16]

המונח עצמו, המשמש בקשר עם חזון יחזקאל, דורש בחינה מסוימת. למעשה המונח "מרכבה" איננו מופיע כלל בספר יחזקאל, ויש הרואים את השימוש בו מעורר תמיהה. במבט ראשון לא נראה שיש קשר כלשהו בין החזון הזה ובין מרכבה כלשהי.

מקום אחד בתנ"ך שבו המונח משמש בהקשר זה הוא הפסוק "וּלְתַבְנִית הַמֶּרְכָּבָה הַכְּרֻבִים" (דברי הימים א' כה, יח). הכתוב משתמש כאן במילה "מרכבה" כדי לתאר בפרט את הכרובים שעל גבי ארון הברית. אבל כפי שלמדנו, יחזקאל מזהה את הכרובים עם החיות שנראו בחזונו הראשון. לפיכך מושג המרכבה אכן קשור לחזון יחזקאל.[17]

המילה "מרכבה" באה מן השורש רכ"ב. הקשר בין הכרובים ובין המרכבה קשור אם כן לרעיון המובע בפסוק "וַיִּרְכַּב עַל כְּרוּב וַיָּעֹף וַיֵּדֶא עַל כַּנְפֵי רוּחַ" (תהילים יח, יא).

ראוי לציין ששורשי המילים "כרוב" ו"רכב" מורכבים מאותן אותיות בדיוק.

בכללות, מושג הרכיבה משמעו נסיעה ויציאה ממקומו הטבעי של האדם. כשהכתוב אומר שה' "רוכב" פירוש הדבר שהוא עוזב את מצבו הטבעי, שבו הוא לגמרי בלתי נודע ובלתי מושג, ומאפשר לעצמו להיות נראה על ידי הנביאים. בהמשך הפסוק נאמר "וַיֵּדֶא עַל כַּנְפֵי רוּחַ" – הכנפיים רומזות לכיסוי ולהסתרה, והמשמעות היא שה' מסתיר את כבודו, ואיננו מגלה אותו לגמרי, כיוון שאילו היה עושה כן הנביא היה מוצף ומתעוור. הכוח הרוחני שדרכו החזון נמסר הוא ה"רוח", הקשור למושג "רוח הקודש" שבו עסקנו בחלק הקודם.

המילה "מרכבה" באה אף היא מן השורש רכ"ב, ומשמעה "כלי הרכב". היא מתייחסת אם כן לכלל המערכת והמנגנון שבאמצעותם ה' "יוצא ממקומו" ומגלה עצמו למי שראויים לכך.

"מעשה מרכבה" מתייחס לעשיית המרכבה, דהיינו הצבת האדם במקום שבו יוכל לראות בחזונו את המרכבה. מן ההקשר שבו המונח הזה משמש בספרי הקבלה ברור שמעשה מרכבה מתייחס לטכניקות המדיטטיביות הכרוכות בהשגת ההתנסות המיסטית הזו. למשל, מקור קדום מאוד מדבר על אדם שמבקש "קרון של נוגה" שבאמצעותו הוא עולה אל העולמות העליונים.[18]

מסורת חז"ל מלמדת אם כן שחזון יחזקאל כולל לכל הפחות רמז לטכניקות המיסטיות של הנביאים. אף על פי שהחזון כולו זוקק לימוד מעמיק, חלקו החשוב ביותר הוא

כנראה הפסוק הפותח אותו, שלעיתים קרובות מתעלמים ממנו. הנביא אומר: "וָאֵרֶא וְהִנֵּה רוּחַ סְעָרָה בָּאָה מִן הַצָּפוֹן, עָנָן גָּדוֹל וְאֵשׁ מִתְלַקַּחַת וְנֹגַהּ לוֹ סָבִיב וּמִתּוֹכָהּ כְּעֵין הַחַשְׁמַל מִתּוֹךְ הָאֵשׁ" (יחזקאל א, ד). בחלק הבא בספרנו תתבאר משמעותם של ה"נגה" ושל ה"חשמל" ביחס לשני סוגי המדיטציה שהנביא נוקט בהם; אבל בכללות, פסוק זה מצריך התבוננות, כיוון שהוא מלמד כיצד הנביא נכנס למעשה אל המצב המיסטי שלו.

הזוהר מלמד ש"רוּחַ סְעָרָה", "עָנָן גָּדוֹל" ו"אֵשׁ מִתְלַקַּחַת" הן שלוש מדרגות הקליפות, שהן שורש כל הרע.[19] קליפות אלה מבלבלות את התודעה ופועלות כמחסומים בפני מי שמבקש לעלות אל המציאות הרוחנית. על פי הזוהר, הן מקבילות גם לשלושת המחסומים שראה אליהו הנביא: "וְרוּחַ גְּדוֹלָה וְחָזָק... וְאַחַר הָרוּחַ רַעַשׁ... וְאַחַר הָרַעַשׁ אֵשׁ... וְאַחַר הָאֵשׁ קוֹל דְּמָמָה דַקָּה" (מלכים א' יט, יא-יב). בשני המקרים הנביאים מדברים על מדרגות של התגלות שקודמות לנבואה אמיתית, אך אצל אליהו מפורש יותר שהן באות בסדר הדרגתי.

בחזון יחזקאל, החוויה הנבואית מתחילה בזעזוע גדול, שנראה לעין כ"רוח סערה". אפשר לפרש זאת גם כ"רוחניות סוערת". אלה הם זעזועים טבעיים של התודעה, שמתעצמת מאוד בשעה שאדם מגיע למצב תודעה מדיטטיבי גבוה. בשלווה המוחלטת של המדיטציה, התודעה נעשית רגישה במיוחד, והמחשבה החיצונית הקלה ביותר היא כמו רעש אדמה או רוח סערה המשבשים שלווה זו. זהו המחסום הראשון שהנביא צריך לעבור.[20]

לאחר מכן הנביא פוגש "ענן גדול". זוהי עמימות של התודעה, שבגללה אין אפשרות לראות או לחוות דבר, והיא עשויה לרפות את ידיו של הנביא אם אין לו הנחישות להמשיך הלאה. הנביא מבקש לעלות למדרגות גבוהות יותר, אבל הוא מוצא עצמו מול מחסום, שמעבר לו אין ביכולתו לראות. הוא מוכרח לעמול ולחתור לחדור את הענן הזה, שהוא הקליפה השנייה.

כיוון שהחוויה הנבואית של אליהו הייתה שמיעתית, ולא חזותית כמו זו של יחזקאל, הוא מתאר את המחסום השני בתור "רעש". אומנם לעיתים קרובות מפרשים שהכוונה לרעש אדמה, אך בהקשר הזה הוא דומה יותר ל"רעש לבן" שאי אפשר לזהות בו צליל מסוים כלשהו. בכך הוא המקבילה השמיעתית של הענן האטום.

הדבר השלישי שהנביא חווה הוא יראה, בושה ואימה, שהסמל להן היא האש. לעומת הענן, שמאיין את התחושה, האש היא מידת יתר של תחושה, שממלאת את הנביא מורא ומרחיקה אותו. הענן מראה לנביא שמי שאיננו ראוי לא יראה דבר, ואילו האש מסמנת שיש כאן גם סכנה גדולה.

הנביא הנכנס אל תוך החוויה המיסטית פוגש בתחילה זעזוע גדול, ואז אובדן גמור של התחושה, ולבסוף פרץ שורף של יתר תחושה – ואז הוא מוכרח לעלות ברוחניות עד שיגיע למדרגת "נוגה". מן ההקשר שבו המילה הזו משמשת בדרך כלל, היא מתייחסת לאור המאיר מתוך החשכה. במובן זה המילה "נוגה" משמשת גם לתאר את עלות השחר ואת שעת הדמדומים. על הנביא מוטל לחסום את כל ההופעות האלה

של סערה, ענן ואש, שהם היבטים של הקליפה ושל חשכה רוחנית, ולהתרכז באור שמאיר מתוך האפלה.

כשהנביא מגיע למדרגה זו, האגו שלו מתבטל לחלוטין והתחושה שלו מושתקת לגמרי. אז הוא מגיע למדרגת ה"חַשְׁמַל", שהיא זהה עם ה"קוֹל דְּמָמָה דַקָּה". בגמרא מובא שהמילה **חשמל** מורכבת משתי מילים: **חש**, שפירושה שתיקה, **ומל**, שמבטאת דיבור. במדרגה זו הנביא חווה "דממה מדברת". זוהי מדרגת השתיקה שעל ידה הוא יכול לשמוע את דבר ה' או לראות חזון אמיתי.

הכתוב ממשיך ומתאר את כל חזון יחזקאל, כולל מדרגות החיות, הכיסא והאדם שעל הכיסא. כל אלה הם חלקים של המרכבה העליונה, המערכת שדרכה ה' מגלה את עצמו ואוחז במושכות הבריאה. רק אחרי שהנביא רואה את המבנה כולו הוא מסוגל למקד את ראייתו בבהירות מספקת כדי לשמוע מסר נבואי. התיאור כולו מסתיים במילים: "וָאֶרְאֶה וָאֶפֹּל עַל פָּנַי וָאֶשְׁמַע קוֹל מְדַבֵּר" (יחזקאל א, כח). כפי שהמפרשים מעירים, כל הנביאים ראו למעשה את המרכבה לפני ששמעו דיבור, אבל יחזקאל היה היחיד שתיאר אותה בפירוט.[21]

המקובל והפילוסוף הנודע, הרמב"ן (רבי משה בן נחמן; 1194–1270, ד'תתקנ"ד-ה'ל'), מציין כי "מפרשת המרכבה של יחזקאל יוצאים השמות של פתחי היכלות".[22] אפשר לקבל רושם חזק מאוד שחלקים מהחזון הזה נאמרו בחזרתיות, באופן דומה מאוד למנטרה, כדי להביא את הנביא למצב המיסטי. כמה מקובלים אומרים זאת בפרט ביחס לפסוק הראשון בספר יחזקאל: "וַיְהִי בִּשְׁלֹשִׁים שָׁנָה בָּרְבִיעִי בַּחֲמִשָּׁה לַחֹדֶשׁ וַאֲנִי בְתוֹךְ

הַגּוֹלָה עַל נְהַר כְּבָר, נִפְתְּחוּ הַשָּׁמַיִם וָאֶרְאֶה מַרְאוֹת אֱלֹהִים". המקובלים מציינים שפסוק זה כולל 72 אותיות,[23] ממש כמו שם ה' בן 72 האותיות, שמוזכר תדיר ככלי של מנטרה, בפרט בכתבי רבי אברהם אבולעפיה (1240–1300, ה'-ה'נ"א).[24] מדבריהם של המקובלים הללו ניכר שהפסוק הזה כולו יכול לשמש ככלי דמוי מנטרה, שאדם חוזר עליו שוב ושוב, עד שהוא זוכה שיתקיים עבורו "נִפְתְּחוּ הַשָּׁמַיִם".

אולם, ברוב מהדורות התנ"ך הפסוק כולל 74 אותיות, ולא 72. זאת בשל העובדה שישנם הבדלי כתיב זעירים בנוסחים שונים, בפרט בספרי הנביאים האחרונים. משמעותית מאוד העובדה שבפסוק הרביעי, "וָאֵרֶא וְהִנֵּה רוּחַ סְעָרָה בָּאָה מִן הַצָּפוֹן עָנָן גָּדוֹל וְאֵשׁ מִתְלַקַּחַת וְנֹגַהּ לוֹ סָבִיב וּמִתּוֹכָהּ כְּעֵין הַחַשְׁמַל מִתּוֹךְ הָאֵשׁ" יש בדיוק 73 אותיות, אולם בשינוי קל של הכתיב גם לפסוק זה יוכלו להיות 72 אותיות. לכן אפשר להעלות השערה מעניינת שגם פסוק זה שימש ככלי של מנטרה עבור אלה שרצו לעלות למדרגה שהיא מעבר ל"נִפְתְּחוּ הַשָּׁמַיִם". אכן, ייתכן שזה היה חלק מן התרגול הקשור במעשה מרכבה.

פסוק שלישי שיש בו קרוב מאוד ל־72 אותיות הוא הפסוק "וּמִמַּעַל לָרָקִיעַ אֲשֶׁר עַל רֹאשָׁם כְּמַרְאֵה אֶבֶן סַפִּיר דְּמוּת כִּסֵּא, וְעַל דְּמוּת הַכִּסֵּא דְּמוּת כְּמַרְאֵה אָדָם עָלָיו מִלְמָעְלָה" (יחזקאל א, כו). בפסוק זה יש 71 אותיות, אבל שוב, עם התאמה קלה הוא יכול להיות גם כן בן 72 אותיות, ואם כן אפשר להשתמש בו ככלי לדמות את המדרגות הגבוהות יותר של בריאה ואצילות.

בספר שמות ישנם שלושה פסוקים (יד, יט-כא), שבכל

אחד מהם 72 אותיות בדיוק. מתוך שלושה פסוקים אלה נוצר השם בן 72 אותיות ("שם ע"ב"), ויש לו תפקיד חשוב בכל כוונות המקובלים.[25] אפשרות מעניינת מאוד היא ששלושה פסוקים אלה מיחזקאל שימשו גם הם באופן דומה.

בכל מקרה, כתבי המקובלים שותקים ביחס לשימוש בשלושה פסוקים אלה, ואינם מספרים לנו דבר על שימוש כלשהו בתיאור חזון המרכבה של יחזקאל לצרכים מיסטיים. כל מה שיש ברשותנו הן רק השערות, מעניינות ככל שיהיו. אבל מלבד זאת ישנו חומר רב בכתבי המקובלים המתאר כיצד להשיג מצב תודעה נבואי.

שלושת הפסוקים מספר יחזקאל הכוללים כ־72 אותיות כל אחד:

וַיְהִי בִּשְׁלֹשִׁים שָׁנָה בָּרְבִיעִי בַּחֲמִשָּׁה לַחֹדֶשׁ וַאֲנִי בְתוֹךְ־הַגּוֹלָה עַל־נְהַר־כְּבָר נִפְתְּחוּ הַשָּׁמַיִם וָאֶרְאֶה מַרְאוֹת אֱלֹהִים:
יחזקאל א, א

וָאֵרֶא וְהִנֵּה רוּחַ סְעָרָה בָּאָה מִן־הַצָּפוֹן עָנָן גָּדוֹל וְאֵשׁ מִתְלַקַּחַת וְנֹגַהּ לוֹ סָבִיב וּמִתּוֹכָהּ כְּעֵין הַחַשְׁמַל מִתּוֹךְ הָאֵשׁ:
יחזקאל א, ד

וּמִמַּעַל לָרָקִיעַ אֲשֶׁר עַל־רֹאשָׁם כְּמַרְאֵה אֶבֶן־סַפִּיר דְּמוּת כִּסֵּא וְעַל דְּמוּת הַכִּסֵּא דְּמוּת כְּמַרְאֵה אָדָם עָלָיו מִלְמָעְלָה:
יחזקאל א, כו

מקורות

חזון יחזקאל

וַיְהִי בִּשְׁלֹשִׁים שָׁנָה בָּרְבִיעִי בַּחֲמִשָּׁה לַחֹדֶשׁ וַאֲנִי בְתוֹךְ הַגּוֹלָה עַל נְהַר כְּבָר נִפְתְּחוּ הַשָּׁמַיִם וָאֶרְאֶה מַרְאוֹת אֱלֹהִים: בַּחֲמִשָּׁה לַחֹדֶשׁ הִיא הַשָּׁנָה הַחֲמִישִׁית לְגָלוּת הַמֶּלֶךְ יוֹיָכִין: הָיֹה הָיָה דְבַר ה׳ אֶל יְחֶזְקֵאל בֶּן בּוּזִי הַכֹּהֵן בְּאֶרֶץ כַּשְׂדִּים עַל נְהַר כְּבָר וַתְּהִי עָלָיו שָׁם יַד ה׳: וָאֵרֶא וְהִנֵּה רוּחַ סְעָרָה בָּאָה מִן הַצָּפוֹן עָנָן גָּדוֹל וְאֵשׁ מִתְלַקַּחַת וְנֹגַהּ לוֹ סָבִיב וּמִתּוֹכָהּ כְּעֵין הַחַשְׁמַל מִתּוֹךְ הָאֵשׁ: וּמִתּוֹכָהּ דְּמוּת אַרְבַּע חַיּוֹת וְזֶה מַרְאֵיהֶן דְּמוּת אָדָם לָהֵנָּה: וְאַרְבָּעָה פָנִים לְאֶחָת וְאַרְבַּע כְּנָפַיִם לְאַחַת לָהֶם: וְרַגְלֵיהֶם רֶגֶל יְשָׁרָה וְכַף רַגְלֵיהֶם כְּכַף רֶגֶל עֵגֶל וְנֹצְצִים כְּעֵין נְחֹשֶׁת קָלָל: וִידֵי אָדָם מִתַּחַת כַּנְפֵיהֶם עַל אַרְבַּעַת רִבְעֵיהֶם וּפְנֵיהֶם וְכַנְפֵיהֶם לְאַרְבַּעְתָּם: חֹבְרֹת אִשָּׁה אֶל אֲחוֹתָהּ כַּנְפֵיהֶם לֹא יִסַּבּוּ בְלֶכְתָּן אִישׁ אֶל עֵבֶר פָּנָיו יֵלֵכוּ: וּדְמוּת פְּנֵיהֶם פְּנֵי אָדָם וּפְנֵי אַרְיֵה אֶל הַיָּמִין לְאַרְבַּעְתָּם וּפְנֵי שׁוֹר מֵהַשְּׂמֹאול לְאַרְבַּעְתָּן וּפְנֵי נֶשֶׁר לְאַרְבַּעְתָּן: וּפְנֵיהֶם וְכַנְפֵיהֶם פְּרֻדוֹת מִלְמָעְלָה לְאִישׁ שְׁתַּיִם חֹבְרוֹת אִישׁ וּשְׁתַּיִם מְכַסּוֹת אֵת גְּוִיֹּתֵיהֶנָה: וְאִישׁ אֶל עֵבֶר פָּנָיו יֵלֵכוּ אֶל אֲשֶׁר יִהְיֶה שָׁמָּה הָרוּחַ לָלֶכֶת יֵלֵכוּ לֹא יִסַּבּוּ בְּלֶכְתָּן: וּדְמוּת הַחַיּוֹת מַרְאֵיהֶם כְּגַחֲלֵי אֵשׁ בֹּעֲרוֹת כְּמַרְאֵה הַלַּפִּדִים הִיא מִתְהַלֶּכֶת בֵּין הַחַיּוֹת וְנֹגַהּ לָאֵשׁ וּמִן הָאֵשׁ יוֹצֵא בָרָק: וְהַחַיּוֹת רָצוֹא וָשׁוֹב כְּמַרְאֵה הַבָּזָק: וָאֵרֶא הַחַיּוֹת וְהִנֵּה אוֹפַן אֶחָד בָּאָרֶץ אֵצֶל

הַחַיּוֹת לְאַרְבַּעַת פָּנָיו: מַרְאֵה הָאוֹפַנִּים וּמַעֲשֵׂיהֶם כְּעֵין תַּרְשִׁישׁ וּדְמוּת אֶחָד לְאַרְבַּעְתָּן וּמַרְאֵיהֶם וּמַעֲשֵׂיהֶם כַּאֲשֶׁר יִהְיֶה הָאוֹפַן בְּתוֹךְ הָאוֹפָן: עַל אַרְבַּעַת רִבְעֵיהֶן בְּלֶכְתָּם יֵלֵכוּ לֹא יִסַּבּוּ בְּלֶכְתָּן: וְגַבֵּיהֶן וְגֹבַהּ לָהֶם וְיִרְאָה לָהֶם וְגַבֹּתָם מְלֵאֹת עֵינַיִם סָבִיב לְאַרְבַּעְתָּן: וּבְלֶכֶת הַחַיּוֹת יֵלְכוּ הָאוֹפַנִּים אֶצְלָם וּבְהִנָּשֵׂא הַחַיּוֹת מֵעַל הָאָרֶץ יִנָּשְׂאוּ הָאוֹפַנִּים: עַל אֲשֶׁר יִהְיֶה שָּׁם הָרוּחַ לָלֶכֶת יֵלֵכוּ שָׁמָּה הָרוּחַ לָלֶכֶת וְהָאוֹפַנִּים יִנָּשְׂאוּ לְעֻמָּתָם כִּי רוּחַ הַחַיָּה בָּאוֹפַנִּים: בְּלֶכְתָּם יֵלֵכוּ וּבְעָמְדָם יַעֲמֹדוּ וּבְהִנָּשְׂאָם מֵעַל הָאָרֶץ יִנָּשְׂאוּ הָאוֹפַנִּים לְעֻמָּתָם כִּי רוּחַ הַחַיָּה בָּאוֹפַנִּים: וּדְמוּת עַל רָאשֵׁי הַחַיָּה רָקִיעַ כְּעֵין הַקֶּרַח הַנּוֹרָא נָטוּי עַל רָאשֵׁיהֶם מִלְמָעְלָה: וְתַחַת הָרָקִיעַ כַּנְפֵיהֶם יְשָׁרוֹת אִשָּׁה אֶל אֲחוֹתָהּ לְאִישׁ שְׁתַּיִם מְכַסּוֹת לָהֵנָּה וּלְאִישׁ שְׁתַּיִם מְכַסּוֹת לָהֵנָּה אֵת גְּוִיֹּתֵיהֶם: וָאֶשְׁמַע אֶת קוֹל כַּנְפֵיהֶם כְּקוֹל מַיִם רַבִּים כְּקוֹל שַׁדַּי בְּלֶכְתָּם קוֹל הֲמֻלָּה כְּקוֹל מַחֲנֶה בְּעָמְדָם תְּרַפֶּינָה כַנְפֵיהֶן: וַיְהִי קוֹל מֵעַל לָרָקִיעַ אֲשֶׁר עַל רֹאשָׁם בְּעָמְדָם תְּרַפֶּינָה כַנְפֵיהֶן: וּמִמַּעַל לָרָקִיעַ אֲשֶׁר עַל רֹאשָׁם כְּמַרְאֵה אֶבֶן סַפִּיר דְּמוּת כִּסֵּא וְעַל דְּמוּת הַכִּסֵּא דְּמוּת כְּמַרְאֵה אָדָם עָלָיו מִלְמָעְלָה: וָאֵרֶא כְּעֵין חַשְׁמַל כְּמַרְאֵה אֵשׁ בֵּית לָהּ סָבִיב מִמַּרְאֵה מָתְנָיו וּלְמָעְלָה וּמִמַּרְאֵה מָתְנָיו וּלְמַטָּה רָאִיתִי כְּמַרְאֵה אֵשׁ וְנֹגַהּ לוֹ סָבִיב: כְּמַרְאֵה הַקֶּשֶׁת אֲשֶׁר יִהְיֶה בֶעָנָן בְּיוֹם הַגֶּשֶׁם כֵּן מַרְאֵה הַנֹּגַהּ סָבִיב הוּא מַרְאֵה דְּמוּת כְּבוֹד ה׳ וָאֶרְאֶה וָאֶפֹּל עַל פָּנַי וָאֶשְׁמַע קוֹל מְדַבֵּר: וַיֹּאמֶר אֵלַי בֶּן אָדָם עֲמֹד עַל רַגְלֶיךָ וַאֲדַבֵּר

אֹתָךְ: וַתָּבֹא בִי רוּחַ כַּאֲשֶׁר דִּבֶּר אֵלַי וַתַּעֲמִדֵנִי עַל רַגְלָי
וָאֶשְׁמַע אֵת מִדַּבֵּר אֵלָי:

יחזקאל א, א – ב, ב

חזון אליהו

וַיָּבֹא שָׁם אֶל הַמְּעָרָה וַיָּלֶן שָׁם וְהִנֵּה דְבַר ה׳ אֵלָיו וַיֹּאמֶר לוֹ מַה לְּךָ פֹה אֵלִיָּהוּ: וַיֹּאמֶר קַנֹּא קִנֵּאתִי לַה׳ אֱלֹהֵי צְבָאוֹת כִּי עָזְבוּ בְרִיתְךָ בְּנֵי יִשְׂרָאֵל אֶת מִזְבְּחֹתֶיךָ הָרָסוּ וְאֶת נְבִיאֶיךָ הָרְגוּ בֶחָרֶב וָאִוָּתֵר אֲנִי לְבַדִּי וַיְבַקְשׁוּ אֶת נַפְשִׁי לְקַחְתָּהּ: וַיֹּאמֶר צֵא וְעָמַדְתָּ בָהָר לִפְנֵי ה׳ וְהִנֵּה ה׳ עֹבֵר וְרוּחַ גְּדוֹלָה וְחָזָק מְפָרֵק הָרִים וּמְשַׁבֵּר סְלָעִים לִפְנֵי ה׳ לֹא בָרוּחַ ה׳ וְאַחַר הָרוּחַ רַעַשׁ לֹא בָרַעַשׁ ה׳: וְאַחַר הָרַעַשׁ אֵשׁ לֹא בָאֵשׁ ה׳ וְאַחַר הָאֵשׁ קוֹל דְּמָמָה דַקָּה: וַיְהִי כִּשְׁמֹעַ אֵלִיָּהוּ וַיָּלֶט פָּנָיו בְּאַדַּרְתּוֹ וַיֵּצֵא וַיַּעֲמֹד פֶּתַח הַמְּעָרָה וְהִנֵּה אֵלָיו קוֹל וַיֹּאמֶר מַה לְּךָ פֹה אֵלִיָּהוּ: וַיֹּאמֶר קַנֹּא קִנֵּאתִי לַה׳ אֱלֹהֵי צְבָאוֹת כִּי עָזְבוּ בְרִיתְךָ בְּנֵי יִשְׂרָאֵל אֶת מִזְבְּחֹתֶיךָ הָרָסוּ וְאֶת נְבִיאֶיךָ הָרְגוּ בֶחָרֶב וָאִוָּתֵר אֲנִי לְבַדִּי וַיְבַקְשׁוּ אֶת נַפְשִׁי לְקַחְתָּהּ:

מלכים א׳ יט, ט-יד

רבי יצחק אברבנאל (פרשן ופילוסוף, 1437-1509, ה׳קצ״ז-ה׳רס״ט)

ונ״ל לפרש הפסוק הזה על עצמות הנבואה...

כי הנה הרוח סערה היא מליצה על התפעלות הנביא כשתשרה עליו הנבואה שיתפעלו כוחותיו

התפעלות גדול עד שיקרה בו הרתת החזק כאילו רוח גדול נושב בו וסערה תפיץ אותו, וכמאמר דניאל "והודי נהפך עלי למשחית ולא עצרתי כח" (דניאל י, ח), וכן אמר אליפז על זה "ורוח על פני יחלף תסמר שערת בשרי" (איוב ד, טו) והנביא יחזקאל עצמו בחול הנבואה עליו אומר "ותשאני רוח ואשמע אחרי קול רעש גדול" (יחזקאל ג, יב).

וזה ענין אומרו כאן "והנה רוח סערה", ומפני שהיה הרוח הצפוני חזק מאד וכמ"ש "רוח צפון תחולל גשם" (משלי כה, כג), לכן להורות על חוזק רוח הסערה ההיא אמר באה מן הצפון.

ואמנם הענן גדול שראה הוא רמז למה שהיה בלתי ידוע אצלו ממה שיהיה בעתיד ולכן ראה כאילו "אימה חשכה נופלת עליו" (בראשית טו, יב), תשכון עליו עננה בהיותו בלתי יודע מה יהיה אחרית אלה.

ואמנם האש המתלקחת הוא רמז אל השפע הנבואיי המגיע לשכל הנביא שהוא כאש מצרף בחוזקו וזוהרו, וכמ"ש יתברך לירמיהו "הלא כה דברי כאש" (ירמיהו כג, כט). וירמיהו עצמו אמר עליו "ותהי בלבי כאש בוערת" (שם כ, ט).

אברבנאל על יחזקאל א, ד

רבי חיים ויטאל (מגדולי המקובלים, 1620-1543, ה'ש"ג-ה'ש"ף)

השער החמישי – באיכות הנבואה מה ענינה

הנה נתבאר כי אור אחד הוא בצורת אדם מתפשט בכל ארבעה עולמות אצילות, בריאה, יצירה, עשיה, עד סוף ארבעה יסודות העולם השפל, והוא מתדבק באורות אדם העליון הנקרא עשר ספירות, והם מתלבשים בזה האור הנקרא אור מחצב הנשמות, וכל נשמות התחתונים כלולות שם.

וברדתם בעולם הזה להתלבש בגופות מניחות שרשיהם דבוקות במקורם אשר מִשם חוצבו, וענפי השרשים ההם לבדם הם יורדים בדרך התפשטות לבד ומתלבשות בגופות בעולם הזה כדמיון ענפי האילן שהן דבוקות ומושרשות בגוף האילן ממש וכופפות עצמן למטה, ונוגעות בקרקע עצמו בעודן נאחזות בגוף האילן.

וכאשר האדם חוטא חטא הראוי להכרת, נכרת אותו הענף מגוף האילן ונשאר נפרד ממנו ועומד בעולם הזה כרוח הבהמה, וזהו סוד "הכרת תכרת הנפש ההיא" (במדבר טו, לא).

וזהו סוד "כי האדם עץ השדה" (דברים כ, יט). וזהו סוד מה שכתוב בצדיקים שנכפל שמם, "אברהם אברהם" (בראשית כב, יא), "יעקב יעקב" (שם מו, ב), "משה משה" (שמות ג, ד). אחד כנגד בחינת השרש

הנשאר למעלה דבוק באילן [והשם השני הוא הענף שמונח בעולם הזה].

וזהו [=שורש זה] הנקרא מזלו של האדם. וכמו שאמרו רבותינו ז"ל (מנחות כט ע"ב) שראה משה רבינו ע"ה מזלו של רבי עקיבא יושב ודורש וכו'.[26] כי ממנו [=מן המזל] נוזל השפע אל הענף שירד ונתלבש בגוף.

והנה השורש הוא עליון מאד בראש רום עולם האצילות והענף ארוך מאד מתפשט בכל העולמות עד התלבש קצהו בזה הגוף, ובכל מדרגה שבכל עולם מניח שם שורש אחד באופן שאין לך נשמה שאין לה שרשים לאין קץ זה למעלה מזה, ועל ידי מעשיו זוכה להעלות לכולן.

כי כל מדרגות עולם העשיה, שרשיו אשר הניח שם נקראים כולם נפש אחד שלימה דעשיה ועל דרך זה בשאר המדרגות.

ובזה יתבאר ענין הנבואה, כי אחר היות האדם בחומר זך בלי זוהמת היצר הרע ולא בכוחות הנפש היסודית כלל, ולא יש בידו חטא הפוגם באיזה שורש משרשי נשמתו, הנה כאשר יכין עצמו להתדבק עד שרשו העליון יוכל להתדבק בו.

ואמנם אף על פי שהוא ראוי לכך צריך להפשיט נשמתו מכל וכל ולהפרידה מכל ענייני החומר ואז תוכל להדבק בשרשה הרוחני.

והנה אין ענין ההתפשטות הזה, שתמצא כתוב

בכל הספרים בעניני הנבואה ורוח הקודש התפשטות ממשיי שהנשמה יוצאת מגופו ממש כענין השינה, שאם כן אין זו נבואה אלא חלום ככל החלומות, אמנם השראת רוח הקודש על האדם הוא בהיות הנשמה בגופו בהקיץ ולא תצא ממנו.

אבל ענין ההתפשטות הוא, כי יסיר כל מחשבותיו לגמרי, והכח המדמה שבו שהוא כח נמשך מהנפש החיה היסודית שבו יפסיקהו מלדמות ולחשוב ולהרהר בשום ענין מעניני העולם הזה וכאלו יצאה נפשו ממנו.

ואז יהפוך כח המדמה מחשבותיו לדמות ולצייר כאלו עולה בעולמות העליונים בשרשי נפשו אשר לו שם, מזה לזה, עד שהגיע ציור דמיונו במקור שלו העליון ויחקקו ציורי כל האורות במחשבתו כאלו מצויר ורואה אותם כפי דרך כחו המדמה לצייר בדעתו עניני העולם הזה אף על פי שאינו רואה אותם כנודע בחכמת הטבע.

ואז יחשוב ויכוין לקבל אור מן העשר ספירות מאותה הנקודה אשר שורש נשמתו נאחזת שם.

ויכוין להעלות גם את העשר ספירות זו לזו עד האין סוף וימשיך להם הארה משם עד למטה דרך ירידה עד סופן.[27]

וכאשר ירד האור על ידו אליהם הם שמחים בזה ומאירין מאותו האור שהמשיך אל שורש נשמתו הנאחזת בהם כפי החלק הראוי לה.

ויכוין להוריד דרך ירידה ממדרגה למדרגה עד

שיגיע האור והשפע ההוא אל נפשו השכלית שבגופו, ומשם תגיע עד נפש החיה וכח המדמה שבו, ושם יצטיירו הענינים ההם ציור גשמי בכוחו המדמה, ואז יבינם כאילו רואה אותן בעין ממש.

ולפעמים אור האור היורד יצטייר בכח המדמה כדמות מלאך הדובר בו ורואה אותו או שומע קולו וכיוצא בזה מאחד מחמשה חושים הידועים הנפשיים שבכח המדמה.

ומשם יועתקו אל חיצוניותם בחמשה חושים אשר גם הם מנפש החיה כנודע, ואז יראה וישמע ויריח וידבר בחושיו הגשמיים ממש. וכמו שכתוב "רוח ה׳ דבר בי ומלתו על לשוני" (שמואל ב׳ כג, ב), כי יתגשם ויצטייר האור ההוא בחושים הגשמיים, ולפעמים תהיה נבואתו בחמשה חושים הרוחניים אשר בכחו המדמה בלבד.

וכל זה הוא בהתפשטות כח המדמה לגמרי מכל מחשבות החומר כנזכר.

נמצא שהנבואה היא כדמיון החלום שנפשו השכלית יוצאת ממנו ועולה למעלה ממדרגה למדרגה, ושם צופה ומביט ואחר כך חוזר ויורד ומשפיע זה האור עד נפש החיה אשר בה כח המדמה, ושם מצטיירין ומתגשמים יותר אותן הדברים.

וכשיקיץ האדם זוכרת נפשו הענינים ההם בכח השומר ובכח הזוכר אשר גם הם בנפש החיה כנודע בחכמת הטבע.[28]

והרי נתבאר ענין הנבואה וענין החלום היטב, כי זה בעוד הנפש בגופו זה אחר צאת הנפש.

האמנם נבואה עצמה יש שני מינים:

האחד היא נבואת שאר הנביאים [שאינם משה רבנו] שבעת האור נשפע ומגיע בירידתו אל נפש השכלית אשר בו, ומשם יורדת אל נפש החיה להצטייר שם בחמשה חושים הפנימיים אשר בכח המדמה היו החושים החיצוניים נרתעים ברעד גדול והיו נופלין כי אין כח בהם לקבל האור ההוא ולציירו ולהגשימו בחושים החמריים.

והנבואה על דרך זה נקראת חלום אף על פי שאינה חלום ממש כנזכר "ותרדמה נפלה על אברם [והנה אימה חשכה גדלה נפלת עליו]" (בראשית טו, יב).

והמין השני היא נבואה שלימה שלא היו נרתעין חושי החומר כלל ומצטיירים בו בנחת, וזו היתה נבואתו של משה רבינו ע"ה.[29]

והסיבה לזה היותו חומר זך לגמרי ונשתנה על ידי קדושת מעשיו להיות במדרגת הנפש. כי הוסרה זוהמתו ונשאר הטוב והזך אשר בגופו, וגם בכוחות נפשו היסודית, כי בהן לבדם יש בחינת גשם ולא בנפש השכלית ומשם ולמעלה.

וכבר נתבאר היות שרשים לאין קץ לנשמת האדם. והנה כפי מעלת מקור מחצבה, כך יתגדל כח המשכת שפע נבואתו. וכן גם אם יהיה שורש

מחצב נשמתו במקום עליון ולא תיקן ולא זכה להמשיך אל כל השרשים אשר משם ולמטה, גם זה לא יוכל להמשיך שפע נבואתו אלא מאותה המדרגה אשר תקן וזכה אליה, ומשם בלבד ימשך שפע נבואתו, ובזה יתבאר לך כמה מדרגות יש בנביאים לאין קץ.

ואל תחשוב כי כיון שבארנו שאין נפש הנביא יוצאת מגופו אם כן מה תפיסה יש במחשבתו בלתי ממשיית לעלות לפתוח השערים וכו׳, וזה תבין במה שכתבתי למעלה, כי הנפש כעין ענף ארוך מאד ומתפשט מהשורש הדבוק באילן עד גוף האדם, ואותו הקו הנמשך תמיד בהיות האדם חושק לעלות אל שרשו, עולה אור מחשבתו הנקרא מושכל מן המשכיל שהיא הנפש המשכלת עד השכל עצמו שהוא השורש העליון אשר לנפשו. ו[שלושה אלה, השכל המשכיל והמושכל] מתדבקים ונעשים אחד על ידי ההשכלה עצמה שהיא השפע הנמשך מן השכל אל המשכיל.

נמצא כי המושכל הוא האור והשפע עצמו היורד מן השכל אל נפש המשכלת, וזה השפע והאור הממשי הוא ענין הנקרא מחשבה.

והבן זה היטב כי לא דבר ריק הוא, שאם לא כן, בטלת כל עניני כַּוָּנַת התפילות והרהורי האדם הטובים והרעים.

והרי נתבאר לך היות הנבואה מוכרחת ויכולה להיות, כענין האדם התופש בידו בקצה ענף האילן

בהיותו כפוף למטה ומנענעו בכח ואז כל האילן כלו מתנענע בהכרח.

ואמנם לא יתנענעו העליונים במחשבת האדם התחתון זולתי בהיותו ראוי להמשיך האור העליון עליהם, ואז בשמחה זו גם הם ימשיכו מאותו האור עליו, אבל אם אין בו יכולת להמשיך עליהם אור עליון לא יחשיבוהו כלל ולא יתרצו להתקרב אליו לעזרו ולהמשיך מחשבתו למעלה, כי הבל היא ואין בה מועיל.

השער הששי – במדרגות הנבואה. מה ענין הנבואה שבדורות ראשונים, ומה ענין השגת רוח הקדש שאפשר להשיג גם בזמננו זה:

וענין נבואת הנביאים כך היא, כי הנה נתבאר למעלה איך ארבעה עולמות הן הנקראים אצילות, בריאה, יצירה, עשיה, ולמטה מכולם הוא העולם השפל הנחלק לארבעה יסודות, הן וכוחות נפשותיהן היסודית, ונחלקות כעין עשר ספירות.

גם נתבאר כי בכל עולם יש אור פנימי הם העשר ספירות, וחוצה להם אור מחצב הנשמות, וחוצה לו אור מחצב המלאכים, וחוצה לו אור חשוך מחצב הקליפות, וחוצה לו העולם עצמו [ההבדלה בין החומר של כל עולם והאור שבתוכו] שהן הרקיעים שבאותו עולם.

וכן ממש הוא בעולם השפל, כי חומר ארבעה

היסודות הוא הגוף והעולם. ובתוכו הן שאר האורות כל אחד מהם כלול מארבע בחינות הנפש היסודית.

גם נתבאר היות מדרגות לאין קץ כי ספירה כלולה מעשר ועשר מעשר וכו', באופן שכל עולם יש בו מדרגות לאין קץ.

וכבר נתבאר איכויות הנבואה בשער חמישי כי מחשבת הנביא מתפשטת ועולה ממדרגה למדרגה ממטה למעלה עד הגיעו למקום אחיזת שורש נשמתו [בספירות], ואז היה מחשב להעלות אור ספירות עד אין סוף וממשיך משם אור [אל הספירות].

וחוזר [הנביא] ומורידו ממעלה למטה במעלות אשר עלה עד הגיעו למטה בנפשו השכלית, ונוטלת חלקה באור ההוא כפי שיעור אחיזת שורש נשמתו למעלה, ומשם ממשיכה בכח המדמה בנפש החיה שבו, ושם מצטירים הדברים בחושים הפנימים אשר בכח המדמה או בחושים החיצונים.

והנה המשכת המחשבה ההיא ודאי שלא מאליה היתה עולה, אלא על ידי כונות ויחודים נמסרו בידו מאת הנביא [המורה] המלמדו להתנבא, כענין [תלמידי הנביאים שנקראו] "בני הנביאים" עם שמואל ואליהו ואלישע ז"ל, כדי שבאותן היחודים שהיה מיחד היה ממשיך האור והשפע כפי רצונו, זו היא תכלית ענין הנבואה.

עוד שניות היו מלמדים אותם. והם תפילות והזכרת שמות על [המלאכים] שומרי הפתחין של

הרקיעים ושל ההיכלות שבכל עולם ועולם,[30] מסוף העולמות, שהם הארבעה יסודות והאוירים שבהם, עד רום עולם האצילות כנזכר בספר הזוהר פרשת ויקהל בענין עֲלִיַּת התפילות דף ר״א ע״ב וכנזכר בפרקי היכלות ובברייתות שלהם.

ותחילה היו משתמשים לפתוח השערים שבאותה מדרגה ואחר כך היו מייחדים היחוד והתפלה המיוחדת כפי המדרגה ההיא, וכך עולים ממדרגה למדרגה, עד הגיעם לשרשם העליון ונוחים שם. ואחר כך היו עוד ממשיכין מחשבותם עד האין סוף וחוזרים וממשיכים השפע למטה כנזכר לעיל.

וענין השוערים והשמות האלו, פירושן הוא, כי היו משביעים בכח שם קדוש אחד שהוא מן הספירה שבאותה מדרגה אל המלאך המושרש ונחצב משם והוא הממונה על שער הרקיע עצמו שהוא החומר שבמדרגה ההיא, אשר יש לו גם כן שם ידוע לאותו שער, ופותחו, ואז נכנסת מחשבת הנביא דרך שער ההוא מאור לאור עד אור הפנימי של הספירה שבאותה מדרגה, ואז מתפלל ומיחד היחוד הצריך לשם, וכך עולה ממדרגה למדרגה.

והנה זה ענין מראות יחזקאל הנקרא מעשה מרכבה להיות המדרגות מורכבות זו על זו.

ותחלה ״נפתחו השמים״ (יחזקאל א, א) שערי הרקיעים שהם אורות החומר והכלים שבאותו עולם,

ומשם נכנס אל הקליפות וזהו שכתוב "וארא והנה רוח סערה" וגו' (שם א, ד).

וכמו שכתוב בהושע "תחלת דבר ה' בהושע" (הושע א, ב), רצונו לומר תחלת התגלות דבור הנבואה היה נגלה תחלה הקליפה וכוחותיה שהם אשת זנונים וילדי זנונים.

ואמנם בהיותו בשמים גם שם היה מתדבק וצופה כמו שכתוב "נפתחו השמים ואראה מראות אלהים" (יחזקאל א, א), אבל כשהגיע למקום הקליפות לא היה נהנה להתדבק בהם, אלא קורע ועובר בהם ואינו נדבק בהם רק ראיה בעלמא מוכרחת. וזהו סוד אליהו זכור לטוב "לא ברעש ה' לא באש ה'" וגו' (מלכים א' יט, יב).

ומשם נכנס למחיצת אור המלאכים כנודע, כי בין כל אור ואור יש פרגוד מפסיק, וזהו סוד הנעלם שיש בענין החשמ"ל כי הוא בגימטריא מלבוש, והוא הכלי והחומר של אורות המלאכים, וה' יכפר בעדי בגלותי סוד נעלם הזה.

ואז ראה עשר כתות המלאכים אשר כולם נחלקים לארבע חיות וארבע מחנות שכינה, וזהו שכתוב "ומתוכה דמות ארבע חיות" (יחזקאל א, ה).

ומשם נכנס עד הגיעו אל אור [מחצב הנשמות ואז, אל אור] העשר ספירות עצמן, וזהו שכתוב "ועל דמות הכסא כמראה אדם" וגו' (יחזקאל א, כו) [ה"אדם

שעל הכיסא" מתייחס למערך הספירות הבנוי בהקבלה לגוף האדם].

ואמנם הכסא עצמו הוא אור מחצב הנשמות בסוד "האבות הן הן המרכבה".[31]

[הכיסא מכונה לעיתים קרובות "כיסא הכבוד"] ולכן נקרא הנפש כבוד כמו שכתוב "למען יזמרך כבוד ולא ידום" (תהילים ל, יג), וכתיב "עד מה כבודי לכלימה" וגו' (שם ד, ג).

והנה גליתי אליך סוד עמוק כולל עניני המרכבה אשר לא זכו הדורות הקדמונים אלינו.

וכבר נתבאר למעלה בשער חמישי כי לא כָל הנביאים יונקים משרש אחד כי יש להם שורשים שאין להם קץ והם שִׁשִּׁים ריבוא בכל עולם. וזהו שאמרו רבותינו ז"ל "ששים רבוא נביאים עמדו בישראל" וכו'[32] ומשה רבינו ע"ה כולל כולם ושקול ככולם.

ואמנם דרך כללות נבאר מדרגתם, כי משה רבינו ע"ה היה עולה עד האצילות ומשם רואה ממש, אלא הוא על ידי התלבשו בבריאה לבדה וגם זה אינו אלא בדרך מעבר לבד, כי האצילות לבדו הוא נמנע, וזהו סוד "כי לא יראני האדם וחי" (שמות לג, כ).

ושאר הנביאים היו רואים באצילות על ידי התלבשות גמור באורות הבריאה. ואחר החרבן היה יחזקאל, והתנבא מן האצילות אחר התלבשו בבריאה והבריאה ביצירה התלבשות גמור.

ומאז ואילך אין עוד אור אצילות ובריאה נגלין

כלל. ואל זה כיונו רבותינו ז"ל כי אחר חגי זכריה ומלאכי, פסקה נבואה לגמרי ונשתייר רוח הקדש.[33]

שערי קדושה חלק שלישי שער ה-ו[34]

ג

הכרובים

המרכז והמוקד של כל התפילות בימי הנביאים היה בית המקדש בירושלים. החלק הפנימי ביותר בבית המקדש היה קודש הקודשים. כה גדולה הייתה קדושתו, עד שאיש לא הורשה להיכנס אליו מלבד הכוהן הגדול ביום הכיפורים. כניסה זו הייתה חלק מסדר עבודה רב רושם, ואנשים מכל העולם היו מתכנסים לראות את הכוהן הגדול יוצא בשלום אחרי שעשה את עבודתו בהיכל הפנימי.

במרכז קודש הקודשים עמד ארון הברית, שהיה עשוי עץ מצופה זהב. על גבי הארון היה מונח כיסוי מזהב טהור (שנקרא "כפורת"), ואליו היו מחוברים שני כרובי הזהב. מבנה הארון, הכיסוי והכרובים מתואר בפירוט בתנ"ך, והם נעשו בפיקוחו האישי של משה רבנו.[35]

אבל חשוב מכך היה מה שהכיל הארון. בתוכו היו מונחים שני החפצים המקודשים ביותר המוזכרים בתנ"ך. ראשית, היו בו שני לוחות הברית שנתן ה' למשה, שעליהם נחרתו עשרת

הדיברות. לצידם היו מונחות בו היריעות המקוריות של התורה שמשה רבנו עצמו כתב מפי הגבורה.[36]

כשבנה שלמה המלך את בית המקדש, הוא יצר מבוך מחילות גדול בתוך הר הבית, כדי שיהיה אפשר להסתיר שם את כלי המקדש בשעת סכנה. כשצפה יאשיה המלך שירושלים עומדת להיות מאוימת, הוא ציווה להטמין את הארון במחילות הללו, וחתם אותו כדי שלא יתגלה על ידי האויב. וכך, עד ימינו, הארון מוסתר היכן שהוא מתחת להר הבית בירושלים.[37]

המעיין הנובע לכל השראת הנבואה היה בית המקדש בירושלים, ובפרט שני הכרובים שעל גבי ארון הברית, שעמד בקודש הקודשים.[38] ה׳ אומר למשה בתיאור הארון: "וְנוֹעַדְתִּי לְךָ שָׁם וְדִבַּרְתִּי אִתְּךָ מֵעַל הַכַּפֹּרֶת מִבֵּין שְׁנֵי הַכְּרֻבִים אֲשֶׁר עַל אֲרוֹן הָעֵדֻת, אֵת כָּל אֲשֶׁר אֲצַוֶּה אוֹתְךָ אֶל בְּנֵי יִשְׂרָאֵל" (שמות כה, כב).[39] כך היה גם ביחס לשאר הנביאים: המקור הראשון להשפעת הנבואה היה מבין שני הכרובים בקודש הקודשים. ישנן כמה ראיות שבמקרים מסוימים ההתגלות הנבואית באה בעקבות מדיטציה עמוקה אשר התמקדה בדמותם של שני הכרובים האלה.[40]

כל אחד מהכרובים היה בדמות ילד קטן בעל כנפיים.[41] אף על פי שה׳ אסר בדרך כלל יצירת דמויות שכאלה, ה׳ בעצמו הוא שציווה להעמיד את שניהם על גבי ארון הברית.[42] הכרובים לא פנו אל העם, אלא זה אל זה, וזה היה אות ברור לכך שהם לא נועדו שיעבדו אותם, אלא לשמש מקום ייעודי לריכוז של כוח רוחני.[43] העובדה שהכרובים עמדו על גבי הארון שהכיל את הלוחות ואת יריעות התורה

המקוריות משמעה ששני אלה היו המקור של הכוח הרוחני הזה.

באופן כללי, העובדה שלשני הכרובים הייתה צורת בני אנוש מכונפים משמעה שלאדם ישנה היכולת לחרוג מן הכבלים הארציים שלו. אף על פי שהאדם קשור לארץ בגופו בן החלוף, הוא יכול לעופף על גבי כנפי נשמתו, להרקיע שחקים אל העולמות הרוחניים הגבוהים ביותר. רעיון זה הוטבע בעצם צורתם של הכרובים, וכשאדם התבונן בדמותם במדיטציה, אכן התאפשר לו לעוף בכנפיים הרוחניות שלו עצמו.

כדי להעמיק את העיון בכך, עלינו להתבונן במקומות חשובים אחרים בתנ"ך שהכרובים מוזכרים בהם. מקום ראשון שכזה מופיע אחרי שאדם וחוה גורשו מגן עדן, והתורה אומרת "וַיְגָרֶשׁ אֶת הָאָדָם וַיַּשְׁכֵּן מִקֶּדֶם לְגַן עֵדֶן אֶת הַכְּרֻבִים וְאֵת לַהַט הַחֶרֶב הַמִּתְהַפֶּכֶת לִשְׁמֹר אֶת דֶּרֶךְ עֵץ הַחַיִּים" (בראשית ג, כד). "עץ החיים" כאן משמעו החוויה הרוחנית העמוקה ביותר. לפיכך, קודם שיוכל אדם להיכנס אל תוך חוויה שכזו, הוא צריך לפגוש תחילה את הכרובים.[44] הכרובים הללו הם כמובן מין מלאך.

המקום השני שבו אנו מוצאים את הכרובים הוא בחזון יחזקאל, שעל פי המפרשים הוא תבנית החוויה הנבואית בכללה. הדבר הראשון שראה יחזקאל היה ה"חיות", אבל בהמשך הן מזוהות בתור הכרובים. הנביא מגיע לַמדרגות הגבוהות ביותר של ההתנסות הרוחנית, ולמעשה חורג מן הכבלים שקושרים את תודעתו ואת נשמתו אל העולם הגשמי. כשהוא זוכה לכך הוא מגיע למעשה אל "עץ החיים", והדבר הראשון שהוא פוגש הוא שומריו, שהם הכרובים.

הכרובים של ארון הברית נועדו להיות מקביליהם בארץ של הכרובים שבמרום, ובמובן מסוים החלל שבין הכרובים נתפס כשער אל הממד הרוחני. כשהנביא ממקד את מחשבותיו בחלל שבין הכרובים שעל הארון, מתאפשר לו לעבור בין הכרובים־המלאכים, ואז לעלות על דרך עץ החיים. מנגד, בשעה שהמסר האלוקי נשלח אל הנביא, הוא היה עובר גם כן באותו מסלול, תחילה דרך הכרובים הרוחניים, ואז דרך אלו שמוצבים על הארון. החלל שבין הכרובים היה אם כן המקור והשורש לכל ההשראה הנבואית.[45]

על יסוד זה יובן מאורע תנ"כי שקשה להבינו באופן אחר: ההתגלות הנבואית הראשונה של שמואל הנביא. מהכתוב נראה שהחזון הזה הגיע אל שמואל בלי שום הכנה כלשהי, באופן הנדמה כמעט כטעות. אולם, ישנו רמז אחד, שכמעט כל המפרשים מתעלמים ממנו. זהו הפסוק: "וְנֵר אֱלֹהִים טֶרֶם יִכְבֶּה וּשְׁמוּאֵל שֹׁכֵב בְּהֵיכַל ה' אֲשֶׁר שָׁם אֲרוֹן אֱלֹהִים" (שמואל א' ג, ג). קושי נוסף כאן, המוזכר על ידי כמה מפרשים, הוא כיצד יכול היה שמואל לישון במשכן, בשעה שאפילו לשבת שם אסור.

מפרש חשוב אחד – האברבנאל – פותר את שתי השאלות הללו בכך שהמילה "שכב", מלבד משמעותה הרגילה המציינת שכיבה או שינה, יש לה גם משמעות של מנוחה גמורה של התודעה, המגיעה באמצעות מדיטציה. לפי פירוש זה הפסוק אומר ששמואל קיבל את חזונו הנבואי הראשון אחרי התבוננות מדיטציה עמוקה בארון הברית, מקום הכרובים.

מקורות

רמב"ן (רבי משה בן נחמן; פוסק, פרשן ומקובל, 1270–1194, ד'תתקנ"ד-ה'ל')

אמר עתה ונתת הכפרת עם כרוביו, שהכל דבר אחד על הארון מלמעלה, כי "אל הארון תתן את העדות אשר אתן אליך" (שמות כה, כא), כדי שיהיה לי כסא כבוד, כי אני אועד לך שם ואשכין שכינתי עליהם, "ודברתי אתך מעל הכפרת מבין שני הכרובים" (שם כה, כב), בעבור שהוא על ארון העדות.

והנה הוא כמרכבה אשר ראה יחזקאל, שאמר "היא החיה אשר ראיתי תחת אלהי ישראל בנהר כבר ואדע כי כרובים המה" (יחזקאל י, כ).

ולכך נקרא "יושב הכרובים" (שמואל א' ד, ד), כי היו פורשי כנפים להורות שהם המרכבה נושאי הכבוד, וכמו שנאמר "ולתבנית המרכבה הכרובים זהב לפורשים וסוככים על ארון ברית ה'" (דברי הימים א' כח, יח)...

ראוי להם שיהיו פורשי כנפים למעלה, כי הם כסא עליון וסוככים על העדות שהיא "מכתב אלהים" (להלן לב, טז). וזה טעם "ולתבנית המרכבה", כי הכרובים שראה יחזקאל נושאים הכבוד תבנית לכרובים שהם כבוד ותפארת.

והכרובים אשר במשכן ו[לאחר מכן] במקדש

תבנית להן, כי ״גבוה מעל גבוה שומר וגבוהים עליהם״ (קהלת ה, ז).

רמב״ן שמות כה, כא

רבי יצחק אברבנאל (פרשן ופילוסוף, 1437–1509, ה׳קצ״ז–ה׳רס״ט)

ואמר ״ושמואל שוכב״... מאיזה מקום בא אותו הקול והקריאה, ואמר ״בהיכל ה׳ אשר שם ארון אלקים״, ובי״ת ״בהיכל״ אינה בי״ת המקום כמו שחשבו המפרשים, אבל היא בי״ת החומר... יאמר שהיה שמואל עליו השלום שוכב ומתבודד בענין היכל ה׳ אשר בו ארון אלקים, ולהיותו משוטט מחשבתו בענין הארון באהו הנבואה איך יגלה ארון האלקים כמו שיזכור.

ומלת ״שוכב״ יאמר על היותו מחשב בדבר, כמו שאמר ״גם בלילה לא שכב לבו״ (קהלת ב, כג).

אברבנאל על שמואל א׳ ג, ג

ד

הנהגות הנביאים

אף על פי שאין בתנ"ך דיון מפורש בהנהגות המעשיות של הנביאים, יש בו די והותר רמזים שנוכל להיעזר בהם כדי לשרטט תמונה מדויקת למדי. מלבד זאת מצויות בידינו כמה מסורות, המופיעות בגמרא ובקבלה, שמסייעות להשלים את התמונה.

פרקטיקה חשובה אחת המוזכרת בתנ"ך בפירוש היא השימוש בנגינה כדי לאפשר התנבאות. דוגמה ברורה לכך מופיעה אצל אלישע הנביא. הכתוב מספר על אלישע שבשעה שרצה לקבל מסר נבואי אמר: "וְעַתָּה קְחוּ לִי מְנַגֵּן". ואז, "וְהָיָה כְּנַגֵּן הַמְנַגֵּן – וַתְּהִי עָלָיו יַד ה'" (מלכים ב' ג, טו).

דוגמה טובה נוספת היא הסיפור שבו הכניס שמואל הנביא את שאול המלך אל חבורת הנביאים. שמואל אמר לשאול "וּפָגַעְתָּ [=ופגשת] חֶבֶל נְבִיאִים יֹרְדִים מֵהַבָּמָה וְלִפְנֵיהֶם נֵבֶל וְתֹף וְחָלִיל וְכִנּוֹר וְהֵמָּה מִתְנַבְּאִים" (שמואל א' י, ה). באמצעות כוחה של הנגינה, הם ריכזו את ההארה הנבואית אל

תוך עצמם כדי להתמקד בה. בעשותם כך הם הצליחו לגרום גם לשאול להתנבא.

ולבסוף, אנו מוצאים אמירה מפורשת נוספת ביחס ל"אָסָף וְהֵימָן וִידוּתוּן הַנִּבְּאִים בְּכִנֹּרוֹת בִּנְבָלִים וּבִמְצִלְתָּיִם" (דברי הימים א׳ כה, א).

ניגון שחוזר על עצמו דומה מאוד למנטרה, ויכול לשמש לסילוק מחשבות זרות ולטיהור התודעה לקראת מצב של הארה. קטגוריה חשובה של מדיטציה קלאסית היא מדיטציה דרך הרגשות, שבה אדם מגיע למצב מדיטטיבי באמצעות רגשותיו, ולא דרך השכל או החושים. כיוון שבכוחה של המוסיקה להפעיל את הרגשות בעוצמה חזקה, היא שימושית במיוחד עבור אופן מדיטציה זה.

נראה מכמה מקורות שמטרת הנגינה הייתה להכין את הנביא למצב התודעה המיסטי באמצעות סילוק כל הרגשות השוללים אותו. במקרה של אלישע, המובא לעיל, אומרים כמה מפרשים שהנביא כעס על המלך, והשתמש בנגינה כדי להיפטר מכעס זה. מכאן למדה הגמרא שאי אפשר להתנבא בשעת כעס.[46]

כמה מקורות מציינים שהנגינה שימשה רק כדי להכניס את הנביא אל מצב תודעה מדיטטיבי, אבל בשעה שהוא הגיע למצב זה, הנגינה פסקה.[47] מקורות אחרים אומרים שהנגינה היא שפתם של העולמות הרוחניים, ושעל ידי נגינה אדם ממש מתקשר עם הנשמה.[48]

המונח המשמש אצל אלישע הוא "נַגֵּן". הבלשן החשוב רבי שלמה פפנהיים כותב שהמילה הזו מבוססת על האות

גימ"ל, שהיא גם הבסיס למילה "מוג", שפירושו להתמוסס. עיקר עניינה של הנגינה הוא לפיכך התמוססות והתפרקות. הנביאים משתמשים בנגינה כדי למוסס את רגשותיהם ולפרק את האגו.[49]

המקובלים מציינים שתפקיד חשוב נוסף של הנגינה ושל השירה הוא להבקיע דרך מבעד לכוחות הרע ולסייע לנביא לחדור את הקליפות. מובא שהשורש זמ"ר, שממנו מורכבות המילים "לזמר" ו"מזמור", יוצר גם את הפועל "לזמור", כלומר לחתוך.[50] בכוחה של המוזיקה לזמור ולחתוך את קליפות הרע, לפלס דרך עבור התודעה, שתוכל לעלות מעלה.

חשוב לציין שהמילה "שיר" קרובה מאוד למילה "שוּר" שפירושה "לראות".[51] זהו אות נוסף לכך שהשירה והראייה קשורות זו לזו, והדבר נכון בפרט ביחס לראייה רוחנית.

אחד מגדולי החסידות, רבי נחמן מברסלב (1772–1810, ה'תקל"ב-ה'תקע"א), מציין שהשורש הרוחני של הנגינה קשור לכרובים שבקודש הקודשים, ולכן הוא חולק אותו שורש עם מקור הנבואה. על שני הכרובים הללו נאמר שהם מייצגים את ספירות נצח והוד, הספירות שהן שורש כל הנבואה, ושגם הן קשורות לשירה ולנגינה.[52]

מקורות

רמב"ם

כל הנביאים אין מתנבאין בכל עת שירצו, אלא מכוונים דעתם ויושבים שמחים וטובי לב ומתבודדים, שאין הנבואה שורה לא מתוך עצבות ולא מתוך עצלות אלא מתוך שמחה.

לפיכך בני הנביאים "לפניהם נבל ותוף וחליל וכנור" (שמואל א' י, ה), והם מבקשים הנבואה. וזהו שנאמר "והמה מתנבאים" (שם), כלומר מהלכין בדרך הנבואה עד שינבאו, כמו שאתה אומר "פלוני מתגדל".

משנה תורה, הלכות יסודי התורה ז, ד

רמח"ל

[ב] וממה שצריך שתדע, שהנה לא יגיע הנביא אל המדרגה העליונה בפעם אחת, אבל יעלה מעלה אחר מעלה, עד הגיעו אל הנבואה השלמה.

ויש בדבר התלמדות, כמו כל שאר החכמות והמלאכות, שיעלה האדם במדרגותיהן עד שיעמוד על בורין; וזה ענין "בני הנביאים", שהיו עומדים לפני הנביא להתלמד בדרכי הנבואה מה שהיה מצטרך לזה...

[ד] ואולם יתלמדו המתלמדים בנבואה בענינים ידועים, מה שימשיך עליהם השפע העליון, ויבטל מניעות חומר הגוף, וימשיך גילוי אורו, יתברך שמו,

וההתדבקות בו, וכללם – כוונות, והזכרת שמות הקדושים, והילולים בתהילות, יצורפו בם שמות בדרכי הצירופים, וכמו שאמרנו לעיל; וכפי מה שיהיו זוכים במעשיהם ומזדככים והולכים על ידי ענינים האלה, כך יתקרבו אליו, יתברך, ומתחיל השפע להשפיע עליהם, וישיגו השגות אחר השגות, עד שיגיעו אל הנבואה.

והנביא המובהק ויודע כבר דרכי הנבואה על נכון, ילמדם כל אחד לפי הכנתו, מה יעשו להשיג את התכלית המבוקשה; וכן כשיתחילו הגילויים עליהם, ילמדם הנביא כפי ענין הגילוי המתגלה, ומה שיחסר עוד להם מן התכלית אשר הם מבקשים.

והנה יצטרכו למלמד ומדריך עד עמדם על בוריה של הנבואה בשלמות, כי אף על פי שכבר יותחל בגילויים והישפע עליהם השפעות, לא מפני זה יימצאו מגיעים אל סוף הענין מיד, אבל הדרכה רבה יצטרכו להגיע אל הסוף על נכון, כל אחד לפי מעלתו והכנתו...

[ט] עוד צריך שתדע, כי הנה תואר נביא באמת ובדקדוק לא יאות אלא למי שכבר השיג הנבואה על בוריה ונתברר לו היותו מתנבא ממנו, יתברך, וכמו שזכרנו למעלה,[53] ומי שהגיע לזה לא יישאר לו ספק בנבואתו כלל ולא תפול בו טעות בנבואתו.

אמנם על דרך הרחבה יתואר בתואר זה גם מי שיתחיל בהשגות הנבואיות והגיע לו גילוי חוץ לגדר

האנושי, ואולם מי שלא השיג אלא השגות אלה, אינו עדיין בטוח בענינו, ואפשר לו שייכשל...

ואמנם היודעים דרכי נבואה על בורים יודעים כל זה על נכון, יודעים המכשולות האלה שאפשר שימצאו ומכירים סימניהם והדרך להינצל מהם, עד הגיע אל אמיתת הנבואה, ואלה היו מלמדים את התלמידים, כמו שזכרנו למעלה, וממלטים אותם מן הטעויות, ומעמידים אותם על האמת.

[י] ואולם עיקר הענין הזה הוא מה שאמרנו בחלק ראשון פרק ה מאותם כחות הטומאה שנמצאים בעולם ופועלים כפי מה שהוחק בטבעם ונמסר בידם. והנה יש בכחם שיטעו את האדם במה שישפיעו עליו השפעות בדרכים כעין דרכי הנבואה האמיתית, ויגלו לו ענינים אמיתיים וכוזבים, ויחדשו לו קצת ענינים נפלאים, וכמו שאמר הכתוב בפירוש בנביא השקר: "ונתן אליך אות או מופת, ובא האות והמופת" (דברים יג, ב-ג). והנה דבר זה אפשר שיקרה לאדם שלא ברצונו, ואפשר שיקרה לו ברצונו.

והיינו, שאפשר שיקרה לו מקרה זה והוא לא השתדל עליו, או השתדל על הפכו, והגיע לו זה, מפני שלא נשלם במעשיו והשתדלותו; ואפשר שיגיע למי שרצה בו ברשעו והשתדל להשיגו, והיינו שילך אחרי הכחות האלה וישתדל להידבק בם כרצונו. להשיג מהם מה שיחפוץ להשיג, דהיינו שייגלו לו ענינים,

כמו שזכרנו, שבהם יחזיק עצמו לפני בני האדם לנביא, ויסיתם כמו שיחפוץ, או יתכבד בעיניהם.

ומן המין הזה היו נביאי הבעל והאשרה, שהנה היו משתדלים בזה, עד שהיו מתדבקים בכחות האלה ומשיגים ידיעת קצת דברים, שעל ידיהם היו מפתים המאמינים בם, וכן מחדשים בכח זה נפלאות לאות על נבואתם, וכמו שזכרנו; ואמנם הם בעצמם היו יודעים, שאין זה להם אלא מצד הטומאה מה שבחרו להם, ולא היו חושבים בעצמם שהם נביאים, אלא ברשעת לבבם היו עושים כן.

אך גם למי שלא השתדל על זה היה אפשר שיקרה זה, כמו שזכרנו, ועל כן היו צריכים המשתדלים לנבואה למלמד מובהק שילמדם, כמו שזכרנו, ועל ידו היו ניצולים, וכל זה – עד שיגיע למדרגת הנבואה באמת, כי כיון שהגיעו לה, כבר ראו ההפרש הגדול והכירוהו, ואי אפשר להם עוד שיתספקו בזה כלל, כמו שזכרנו.

דרך ה׳ ח״ג ד, סעיפים ב, ד, ט, י

ה

התנוחה הנבואית

תנוחת הגוף בשעת מדיטציה נבואית ועלייה למצב תודעה מיסטי זכתה למעט אזכורים יחסית, באופן כללי. תפילת העמידה, שתופסת מקום חשוב בכוונות המקובלים, צריכה להיאמר בעמידה ברגליים צמודות, בדומה לדרך עמידתם של המלאכים.[54] מקורות אחרים מדברים לעיתים קרובות על ישיבה והתבוננות.[55]

תנוחה מקובלת נוספת המצויה בתנ"ך היא כריעה על הברכיים כשהידיים פרושות מעלה. תנוחה כזו מתוארת בתפילת שלמה המלך: "וַיִּבְרַךְ עַל בִּרְכָּיו... וַיִּפְרֹשׂ כַּפָּיו הַשָּׁמָיְמָה" (דברי הימים ב' ו, יג). עזרא אומר גם הוא "וָאֶכְרְעָה עַל בִּרְכַּי וָאֶפְרְשָׂה כַפַּי אֶל ה' אֱלֹהָי" (עזרא ט, ה).

הרמ"ק (רבי משה קורדובירו, 1522-1570, ה'רפ"ב-ה'ש"ל), מנהיגם של מקובלי צפת, מפרש שפרישת הידיים מבטאת קבלת שפע ממרום.[56] על פי המקובלים זהו גם הטעם לכך

שמשה פרש ידיו השמיימה בשעה שביקש להוריד לעולם כוח רוחני כדי לנצח במלחמת עמלק.[57]

תנוחת הידיים הפרושות ממלאת תפקיד חשוב גם בברכת כוהנים, ובספרות המאוחרת היא מכונה למעשה "נשיאת כפיים". ספר הבהיר, אחד מכתבי הקבלה העתיקים ביותר, אומר שהטעם לכך הוא שעשר האצבעות הנשואות מעלה מקבילות לעשר הספירות, ולכן אפשר להמשיך דרכן הארה רוחנית.[58] תנוחה זו משמשת גם אצל רבי אברהם אבולעפיה במקום אחד בסדר הכוונות שלו.[59] אולם מלבד מקורות אלה התנוחה מוזכרת מעט מאוד בכתבי הקבלה בהקשר מעשי.

אולם, יש עוד תנוחה שהוזכרה על ידי כמה כותבים. זוהי "התנוחה הנבואית", והיא כוללת הנחת הראש בין הרגליים. התנוחה הזו מוזכרת בפירוש ביחס לאליהו על הר הכרמל: "וַיִּגְהַר אַרְצָה וַיָּשֶׂם פָּנָיו בֵּין בִּרְכָּיו" (מלכים א' יח, מב). אחד מגדולי המפרשים, רבי יצחק אברבנאל, אומר שבתנוחה זו הוא עסק בהתבודדות.

התנוחה הזו שימשה למיקוד מוגבר של אנרגיה רוחנית. אליהו הנביא השתמש בה כדי להביא גשם, שעד לאותו רגע נמנע מהמלך אחאב. בגמרא אנו מוצאים שרבי חנינא בן דוסא הניח את ראשו בין ברכיו באופן דומה בשעה שהתפלל על בנו של רבי יוחנן בן זכאי.[60] רבי יוחנן בן זכאי היה גדול החכמים במאה הראשונה, ורבי חנינא בא להיות תלמידו. כששאלה אשתו של רבי יוחנן אם תפילתו של רבי חנינא נענית מפני שהוא הגדול מבין השניים, השיב לה רבי יוחנן, "הוא דומה כעבד לפני המלך, ואני דומה כשר לפני המלך". רש"י מפרש

שהעבד כמוהו כבן בית, שיכול להיכנס ולצאת אצל המלך בלי לקבוע פגישה.

התנוחה הזו מופיעה שוב במעשה המסופר על אלעזר בן דורדיא.[61] על אדם זה נאמר בגמרא שהוא ביקר אצל כל זונה בעולם המתורבת, ואז רצה לעשות תשובה. אחרי שניסה את כל האמצעים האחרים, הוא "הניח ראשו בין ברכיו וגעה בבכיה עד שיצתה נשמתו". ברור מן ההקשר שמעשה התשובה שלו כלל מרכיבים מיסטיים, כיוון שמסופר שהוא התדיין עם השמש, עם הירח ועם ההרים, והפציר בהם שיבקשו עליו רחמים. פעולתו האחרונה אִפשרה לו ליצוק הארה רוחנית אל נשמתו כדי לטהר אותה מן החטאים, והוא המשיך בכך עד שמת.

לעובדה זו, שאלעזר השתמש בתנוחה המתוארת כדי לעשות תשובה על חטא מיני, יש משמעות מיוחדת, מפני שהמדרש אומר שאחד הטעמים שלה הוא כדי להסמיך את הראש לאות הברית.[62] אחד מהטעמים למצוות ברית המילה היא לתעל את האנרגיות המיניות דרך צינורות רוחניים, וכפי שנראה להלן (חלק שלישי פרק ז) זו אחת הסיבות לעריכתה של הברית ביום השמיני. כשאדם מניח את ראשו בסמיכות לאות הברית שלו, הוא מסוגל יותר לתעל את האנרגיה הרוחנית הזו אל התודעה, וזוהי נקודת הנבואה.

ראוי לציין שאפשר לזהות רמז נוסף לתנוחה הזו בקרבן הפסח, שאנו מצווים לצלותו "רֹאשׁוֹ עַל כְּרָעָיו וְעַל קִרְבּוֹ" (שמות יב, ט). אחד מגדולי החסידות, רבי לוי יצחק מברדיצ'ב (1740-1809, ה'ת"ק-ה'תק"ע), מבאר שבאילן הספירות, שתי הכרעיים מקבילות לספירות נצח והוד, והצבתן בסמיכות

לראש משחררת את ההארה הרוחנית של הספירות הללו אל התודעה.[63] כלל ידוע בקבלה הוא שספירות נצח והוד הן מקור הנבואה, ולכן התנוחה הזו מועילה בפרט כשאדם מבקש להוריד הארה של נבואה.

לעיתים קרובות אפשר למצוא בפרקטיקות של עבודה זרה הקבלות נגדיות להנהגות של נבואה, כיוון שלעיתים קרובות עבודת האלילים מבקשת לחקות את ההדרכות הנבואיות. רמז אפשרי לכך שהתנוחה הזו שימשה אצל נביאי עבודה זרה מופיע בגמרא המלמדת שעובדי אלילים ערביים היו "משתחוים לאבק רגליהם".[64] המפרשים תוהים על המנהג המוזר הזה, ומתקשים להסביר את לשון הגמרא. אולם נראה שחלק מעובדי האלילים ראו את התנוחה הנבואית, שבה אנשים קדושים ישבו עם ראשם בין רגליהם, ושיערו שהם מתבוננים על בהונות רגליהם או כיוצא בזה. הם אימצו את המנהג הזה, והוא הידרדר בהדרגה עד שהפך להשתחוויה "לאבק רגליהם".

לפחות שניים מבתי המדרש הבתר־תלמודיים ייחסו חשיבות לתנוחה הזו. רב האי גאון (939-1038, ד'תרצ"ט-ד'תשצ"ח), ראש ישיבת פומבדיתא שבבבל, מתאר את ההנהגה באחד מבתי המדרש האלה:

> כשמבקש לצפות במרכבה ולהציץ בהיכלות של מלאכי מרום יש לו דרכים לעשות שישב בתענית ימים ידועים ומניח ראשו בין ברכיו ולוחש לארץ שירות ותשבחות הרבה שהן מפורשות, ובכן מציץ

> מפנימיו ובחדריו כמי שהוא רואה בעיניו היכלות שבעה. וצופה כאילו הוא נכנס מהיכל להיכל ורואה מה שיש בו.[65]

כחמש מאות שנה מאוחר יותר אנו מוצאים תנוחה זו משמשת אצל רבי יוסף צייח, מקובל חשוב ששימש כרבן של דמשק וירושלים באמצע המאה השש־עשרה. בהקדמה לספרו העיקרי הוא מדבר על אנשים שעוסקים בהתבודדות שדרכם "לכוף כאגמון [=קנה גמיש] הראש בין הברכיים עד אשר יתבטלו גם מורגשיו לסיבת העדר חושיו, ואז יראה המאורות העליונות בתמידות במראה ולא בחידות".[66]

בכללות, סדר הכוונות של ר"י צייח מורכב מאוד, וכולל ריבועי קסם ומערכים מורכבים של מאורות והיכלות. כתביו העיקריים עוסקים במערכות האלה בפירוט כמעט מיקרוסקופי, ובדרך כלל הכותב מתאפק מאוד מלתאר כיצד אפשר להשתמש בהן. אולם במקום אחד הוא משרטט את השיטה, וגם היא כוללת את התנוחה הנבואית. כך הוא כותב:

> והרוצה לבוא בסודם יתכוין בכל מה שאמרנו, ויתבונן בחדרים הנזכרים עם מאורותיהם וגווניהם וחבור אותיותיהם, ויתבודד בזה זמן מה אם מעט ואם הרבה, וישים בתחילה ראשו בין ברכיו ויאמר:
>
> **אהי"ה** אשר אהי"ה הוא יכתירני (כתר)
> **בי"ה** שמו הוא יחכמני (חכמה)

אלהי״ם חיים הוא יבינני (בינה)
א״ל בימין חסדו יגדלני (חסד)
אלהי״ם מפחד דינו יצילני (גבורה)
יהו״ה ברחמיו יפארני (תפארת)
יהו״ה צבאו״ת לנצח ישמרני (נצח)
אלהי״ם צבאו״ת מהודו יהדריני (הוד)

א״ל ח״י בקרבי תייסד בריתך (יסוד)
אדנ״י שפתי תפתח ופי יגיד תהלתך (מלכות)
ואז יראו לו המראות הפנימיות במראה ולא
בחידות, ויעמוד על שלימות הסודות.

שארית יוסף, שער מו
(מהדורת מכון חכמי ירושלים והמערב) עמ׳ תטו

הקורא יבחין מייד שהפיוט הזה כולל את עשר הספירות, וכן את השמות הקדושים הקשורים בהן על פי הקבלה. זהו המקום היחיד שבו מופיעה הנהגה מדיטטיבית שכוללת את התנוחה הנבואית. רוב ההנהגות הללו הוגבלו לחבורות מצומצמות של יודעי סוד, ואפשר שהנהגה זו הייתה ברשותו של אותו בית מדרש מאז ימי רב האי גאון.

מקורות

גמרא

מעשה ברבי חנינא בן דוסא שהלך ללמוד תורה אצל רבי יוחנן בן זכאי, וחלה בנו של רבי יוחנן בן זכאי. אמר לו: חנינא בני, בקש עליו רחמים ויחיה. הניח ראשו בין ברכיו ובקש עליו רחמים – וחיה. אמר רבי יוחנן בן זכאי: אלמלי הטיח בן זכאי את ראשו בין ברכיו כל היום כולו – לא היו משגיחים עליו. אמרה לו אשתו: וכי חנינא גדול ממך? אמר לה: לאו, אלא הוא דומה כעבד לפני המלך, ואני דומה כשר לפני המלך.

ברכות לד ע"ב

אמרו עליו על רבי אלעזר בן דורדיא, שלא הניח זונה אחת בעולם שלא בא עליה. פעם אחת שמע שיש זונה אחת בכרכי הים והיתה נוטלת כיס דינרין בשכרה, נטל כיס דינרין והלך ועבר עליה שבעה נהרות. בשעת הרגל דבר הפיחה, אמרה: כשם שהפיחה זו אינה חוזרת למקומה, כך אלעזר בן דורדיא אין מקבלין אותו בתשובה.

הלך וישב בין שני הרים וגבעות.

אמר: הרים וגבעות, בקשו עלי רחמים! אמרו לו: עד

שאנו מבקשים עליך נבקש על עצמנו, שנאמר: "כי ההרים ימושו והגבעות תמוטינה" (ישעיהו נד, י).

אמר: שמים וארץ, בקשו עלי רחמים! אמרו: עד שאנו מבקשים עליך נבקש על עצמנו, שנאמר: "כי שמים כעשן נמלחו והארץ כבגד תבלה" (שם נא, ו).

אמר: חמה ולבנה, בקשו עלי רחמים! אמרו לו: עד שאנו מבקשים עליך נבקש על עצמנו, שנאמר: "וחפרה הלבנה ובושה החמה" (שם כד, כג).

אמר: כוכבים ומזלות, בקשו עלי רחמים! אמרו לו: עד שאנו מבקשים עליך נבקש על עצמנו, שנאמר: "ונמקו כל צבא השמים" (שם לד, ד).

אמר: אין הדבר תלוי אלא בי! הניח ראשו בין ברכיו וגעה בבכיה עד שיצתה נשמתו.

יצתה בת קול ואמרה: רבי אלעזר בן דורדיא מזומן לחיי העולם הבא...

בכה רבי ואמר: יש קונה עולמו בכמה שנים, ויש קונה עולמו בשעה אחת.

ואמר רבי: לא דיין לבעלי תשובה שמקבלין אותן, אלא שקורין אותן רבי.

עבודה זרה יז ע"א

ו

שמות קדושים

ההנחה המובנת מאליה בכל רחבי ספרות הקבלה היא ששמות ה׳ הקדושים ממלאים תפקיד חשוב בהשגת מצב תודעה מיסטי. אולם בתנ״ך עצמו אין אזכור מיוחד של שימוש בשמות שכאלה, מלבד כמה רמזים מעוררי סקרנות. בכמה מקומות אנו מוצאים נבואות יחידות שנאמרו ״בשם ה׳״,[67] ואפשר לפרש שהכוונה ״עם שם ה׳״. על פי זה הקטעים הללו מדברים על שימוש בשם ה׳ כאמצעי להגיע אל מצב תודעה נבואי.

כמה מקובלים מזהים גם אצל אברהם אבינו שימוש בשם ה׳ כשיטה להשגת הארה. הכתוב אומר ״וַיִּקְרָא בְּשֵׁם ה׳״ (בראשית יב, ח), ובדרך כלל מפרשים שהוא התפלל בשם ה׳, או הודיע את מציאות ה׳ בעולם; ואולם פירושם של המקובלים מתאים יותר למשמעות המילולית של הפסוק.[68]

פירוש דומה מאוד ניתן לפסוק ״כִּי בִי חָשַׁק וַאֲפַלְּטֵהוּ אֲשַׂגְּבֵהוּ כִּי יָדַע שְׁמִי״ (תהילים צא, יד). המפרש החשוב רבי אברהם אבן עזרא (1089–1164, ד׳תתמ״ט–ד׳תתקכ״ד) אומר

כאן בפירוש שכוונת הדברים היא "בעבור שהוא יודע סוד שמי". גם מדרש עתיק אומר בשם התנא הגדול מן המאה השנייה, רבי פנחס בן יאיר, "מפני מה מתפללין ישראל בעולם הזה ואינן נענין? על ידי שאינן יודעין בשם המפורש".[69] כיוון שהמדרש הזה נאמר על הפסוק שצוטט לעיל, זהו סימן ברור ש"ידיעה בשם המפורש" פירושה לדעת איך להשתמש בו למעשה.

ישנם עוד כמה רמזים לכוחו של שם ה'. משורר תהילים אומר "אֵלֶּה בָרֶכֶב וְאֵלֶּה בַסּוּסִים וַאֲנַחְנוּ בְּשֵׁם ה' אֱלֹהֵינוּ נַזְכִּיר" (תהילים כ, ח). הפירוש הרגיל הוא שהפסוק מדבר על תפילה, אבל גם כאן אפשר לקרוא את הפסוק מילולית.[70] הדבר נאמר למעשה על ידי פסוק שמקדים את הפסוק הזה: "נְרַנְּנָה בִּישׁוּעָתֶךָ וּבְשֵׁם אֱלֹהֵינוּ נִדְגֹּל, יְמַלֵּא ה' כָּל מִשְׁאֲלוֹתֶיךָ" (שם פסוק ו). כפי שנראה להלן, המילה "רנן" מתייחסת לשיטה של מדיטציה, וכאן אנו רואים שהיא קשורה גם לשם ה'. רעיון דומה מאוד מופיע בפסוק "כָּל גּוֹיִם סְבָבוּנִי בְּשֵׁם ה' כִּי אֲמִילַם" (שם קיח, י).

המסורת ביחס לשמות ה' הללו מבוססת היטב בגמרא, ונידונה במקומות רבים. השמות החשובים ביותר הם אלה המשמשים בתנ"ך לכנות את בורא עולם, ומניינם עולה לכדי עשרה שמות, כנגד עשר הספירות.[71] מלבד זאת הגמרא מדברת גם על שם שמורכב משתים עשרה אותיות ועל שם של ארבעים ושתיים אותיות. שני שמות אלה מתוארים בכתבי המקובלים.[72] ישנו גם דיון רחב על שם הכולל שבעים ושתיים אותיות, או שבעים ושתיים שלשות אותיות. שם זה ממלא תפקיד

חשוב, בייחוד במערכת הקבלית של רבי אברהם אבולעפיה.[73] הגמרא מלאה במסורות באשר לכוחם של שמות אלה בשעה שמשתמשים בהם כראוי.[74]

השם החשוב ורב העוצמה מבין שמות ה' הוא השם המפורש, י־ה־ו־ה. שם זה אינו מבוטא לעולם בקול, אפילו לא בתפילה. מובא שמי שהוגה את השם באותיותיו נחשב למחלל שם שמיים, ואין לו חלק לעולם הבא.[75]

אף על פי שהשם המפורש מוזכר לעיתים קרובות בקשר עם כוונות ומדיטציות קבליות, המקובלים מזהירים מפני הגייתו בקול. המקובל המפורסם רבי משה קורדובירו (הרמ"ק) כותב: "אם ירצה להזכיר יהיה בסתימת פה, שלא יוציא מפיו אוויר אלא בהנעת גרון ולשון בשתיקה בלי קול ויקרא זה בין היודעים בחכמה זו הבלעה".[76] אולם אפילו את זה אין לעשות אלא אחרי שאדם מגיע למדרגות הגבוהות ביותר של מדיטציה.

הגמרא מלמדת שהמקום היחיד שבו הותר אי פעם להגות את השם המפורש היה בבית המקדש בירושלים. הדבר מבוסס על הפסוק המכנה את בית המקדש "הַמָּקוֹם אֲשֶׁר יִבְחַר ה' אֱלֹהֵיכֶם... לָשׂוּם אֶת שְׁמוֹ שָׁם" (דברים יב, ה).[77] כיוון שהנביאים השתמשו ככל הנראה בשם המפורש כדי להשיג את מצב התודעה המיסטי, הם היו עורכים את המדיטציות שלהם לעיתים קרובות באחד מהיכלי בית המקדש.[78]

הזמן העיקרי שבו השם המפורש הוזכר בציבור היה בבית המקדש, בשעת ברכת הכוהנים, וכן עשר פעמים בווידויים שבמהלך עבודת יום הכיפורים, שנאמרו בציבור. בכל פעם

ששם זה נאמר בשעת העבודה במקדש, כל השומעים היו עונים "בָּרוּךְ שֵׁם כְּבוֹד מַלְכוּתוֹ לְעוֹלָם וָעֶד".[79]

ביום הכיפורים, מי שעמדו קרוב לחזית היו גם משתטחים על הארץ ביראה וברעדה לנוכח שם ה' הנכבד והנורא. מסורת המובאת בדברי חז"ל מלמדת שאחד הניסים שאירעו בבית המקדש היה שלכל המשתחווים נמצא מקום מרווח להשתטח על הארץ, אף שהם עמדו צפופים לגמרי במהלך העבודה.[80]

בתחילה השם המפורש נאמר על ידי כל הכוהנים בשעת ברכת הכוהנים במקדש. אולם הגמרא מלמדת שאחרי פטירתו של שמעון הצדיק (באמצע ימי בית שני, בסביבות 291 לפנה"ס) חדלו מכך, כיוון שהשכינה לא התגלתה עוד במקדש והכוהנים לא הרגישו עצמם ראויים.[81] ועדיין, כל עוד עמד בית המקדש, הכוהן הגדול אמר את השם המפורש במהלך עבודת יום הכיפורים, אך כה בלחש עד שהשם נבלע בנעימתם של יתר הכוהנים. כל זאת כדי שמי שאינם ראויים לכך לא ילמדו כיצד להגותו בדיוק.[82]

בספרות נמצא דיון בשאלה מדוע לכל השמות הללו יש השפעה כה עמוקה. רבי אברהם אבולעפיה אומר שלשמות עצמם אין כוח משלהם, אלא שכאשר הם נאמרים כראוי הם יכולים להשרות על האדם מצב תודעה שבו יהיו לו עצמו כוחות מיוחדים.[83] לדרכו, השם משמש בעיקר ככלי של מדיטציה: להביא את האדם אל מצבי תודעה מסוימים ולהעבירו אל מרחב העבודה הרוחני המתאים, בין לשם נבואה ובין כדי לרכז אנרגיה רוחנית בדרכים אחרות.

אולם רוב המקובלים סבורים שמלבד זאת יש לשמות

גם כוח עצמי חשוב. הם קשורים בפנימיותם לכוחות רוחניים שונים, וכשאדם משתמש באחד משמות אלה כראוי, הכוחות הללו מתעוררים והאדם יכול להתקשר אליהם. כיוון שכל השמות הקדושים הם בעלי עוצמה רבה בהקשר זה, על האדם להיות זהיר ביותר שלא להשתמש בהם אלא בנסיבות הראויות ובדרך הרצינית ביותר.

אנשים רבים חושבים שכדי שהשמות הללו יפעלו די לאומרם בלבד. אך זוהי טעות יסודית. על פי כל המקובלים העוסקים בכך, שימוש בשמות קדושים כרוך בהרבה יותר מזה. ראשית, ישנה הכנה רבה שהאדם צריך לעשות קודם שיוכל להשתמש בשמות הללו. השמות עצמם, ברוב המקרים, נאמרו במידה רבה כמו מנטרה. בספרי ההיכלות – ספרי הקבלה הקדומה מן המאה הראשונה, סמוך לחורבן בית שני – אנו מוצאים כמה שמות וצירופי אותיות שיש לחזור עליהם שוב ושוב, כך שיביאו את אומרם אל מצב תודעה מיסטי.[84] במקרים אחרים הם נאמרו בחזרתיות, בצירוף אותיות נוספות, עם סדרה שלמה של סימני ניקוד משתנים. גם במערכת הקבלית של רבי אברהם אבולעפיה הדבר מוזכר, והיא כוללת גם כמה תנועות גוף וטכניקות נשימה.[85] כשמשתמשים בשמות הקדושים עבור ייחודים, יש להתבונן באותיות השמות בכוונה עמוקה, ולצרפן באופנים שונים.[86]

אומנם השמות הקדושים עשויים לסייע לאדם להגיע למצב תודעה מדיטטיבי כאשר הוא משתמש בהם כראוי, אבל קודם השימוש בהם נדרשת ממנו הכנה רוחנית משמעותית. חשובים מאוד הם עשרת השלבים אל רוח הקודש שהוזכרו

לעיל. רק לאחר שהאדם ישיג עשרה שלבים אלה מתוך משמעת עצמית תובענית, יוכלו השיטות המדיטטיביות הללו להיות יעילות. אדם שאיננו מוכן כראוי עשוי להשיג "הארה", אבל היא תבוא ממקור הרחוק מאוד מן הקדושה.

בכללות, אם כן, שימוש נכון בשמות הקדושים נתפס כמפתח לנבואה ולהארה – ובה בעת, זהו גם אחד הסודות השמורים ביותר של הקבלה.

מקורות

גמרא

אמר רבה בר בר חנה אמר ר׳ יוחנן: שם בן ארבע אותיות, חכמים מוסרין אותו לתלמידיהן פעם אחת בשבוע [=בשבע שנים]...

תנו רבנן: בראשונה, שם בן שתים עשרה אותיות היו מוסרין אותו לכל אדם, משרבו הפריצים היו מוסרים אותו לצנועים שבכהונה, והצנועים שבכהונה מבליעים אותו בנעימת אחיהם הכהנים.

תניא, אמר רבי טרפון: פעם אחת עליתי אחר אחי אמי לדוכן, והטיתי אזני אצל כהן גדול, ושמעתי שהבליע שם בנעימת אחיו הכהנים.

אמר רב יהודה אמר רב: שם בן ארבעים ושתים אותיות, אין מוסרין אותו אלא למי שצנוע ועניו, ועומד בחצי ימיו, ואינו כועס, ואינו משתכר, ואינו מעמיד על מדותיו; וכל היודעו והזהיר בו והמשמרו בטהרה, אהוב למעלה ונחמד למטה, ואימתו מוטלת על הבריות, ונוחל שני עולמים, העולם הזה והעולם הבא.

קידושין עא ע״א

רבי משה קורדובירו

קודם שנִכנס בביאור פרטי השמות נקדים בפרקים אלו בלתי מושגת הבנתם. וכאשר יראה המשכיל ענין זה

יחשוב הקדמה יקרת הערך בכלל השמות האלה, כי בהשכיל בדעתו היות השמות אלה רחוקים מהמדע והתבונה, וכמעט בהם ימצא תיבות בלתי מובנות, בלתי מוגבלים בהוצאת הפה, שידמה אותם היות מעשה נערות או דברי הבאי ח"ו.

חוייבנו להזהיר לבל יהיה כחושבי רע, וידע באמיתות כי אדרבה מעלתם גדולה ועליונה וחקוקים כולם במקום העליון. ומקורם עולה דרך מעלות הסולם מעלה מעלה, עד הגיעם אל המקור המורה על עצמות הספירות ורוחניותם.

ונשמת האותיות האלה הם עצמות הספירות בפנימיותם, ושמות המונחים אליהם המבוארים בשער הקודם, שהם לבוש אליהם כמבואר שם פ"א. ולפיכך הם קדושים שאינם נמחקים.

אמנם שמות האלה וכיוצא אשר יש שיהיו גלויים אל הקדושים משרתי עליון והנביאים המדברים ברוח הקודש, ומהם קבלוה התנאים והאמוראים וקבלת איש מפי איש עד למשה רבנו ע"ה מסיני מפי הגבורה.

והנביאים ע"ה היו משיגים דרך אותם האותיות בהתבודדות גדול וזַכּוּת הנשמה הטהורה – אותו הרוחניות המתלבש באותיות, וסדר יחוד המדרגות, אחת אל אחת, מקבילות הלולאות, משולבות אשה אל אחותה, ואיש באחיהו ידובקו. ובם מכירים קשר

העולמות ומוסיפים ידיעה על ידיעתם והיו יודעים כֹחם ושמושם – לא להשתמש בהם ח"ו, אלא לדעת יכולת קונם.

ומרוב הצרות נסתמו עיני חכמים ונתמעטו הלבבות, ודורשי התורה נחלש כחם מהשיג פשטי הדברים, כ"ש בידיעת הקבלה העיונית הספירית, כ"ש קבלה המעשית [שלימדה כיצד להשתמש בשמות הקדושים], עד שלא נשאר בהם עוצר כח נגד הצרות כי אם הרשב"י ע"ה [מחבר הזוהר] וחביריו שעמדו וגילו כבשונו של עולם. וגם דבריו אין אנו משיגים מקוצר רוח ומעבודה קשה, כי יודעים אנו בבירור כי אין שכלנו הדל מגיע לקצת מן הקצת בעמקי מאמריו בחכמה הזאת, וכל דבריו נעלמים תכלית ההבדל וההעלם. אכן על ידי הכאת פטיש השכל בקושיות וקליפות שעל ההלכות יצא לנו אור מארובות דקות כסדקי המחט.

עוד היתה סיבה אל קבלה המעשית אשר היתה גלויה בימי הרמב"ן ע"ה [1194-1270, ד'תתקנ"ד-ה'ל'], והרב ר' אלעזר מגרמיזא רבו [1160-1238, ד'תתק"ך-ד'תתקצ"ח], והרב ר' יוסף גיקאטלייא [1248-1305, ה'ח'-ה'ס"ה] ועמודי עולם כמותם. וכן בימי הגאונים [המאה השביעית והשמינית לספירה] שהיו משתמשים [בקבלה מעשית] בשימושא רבא ושימושא זוטא.

וכל זה אבדנו בעונותינו, כי הם בעצמם לא רצו לגלותם לפי שראו אנשי חסד נאספים ונתמעטו אנשי מעשה, וחששו שמא ישתמש בהם אדם שאינו הגון, כמו שראינו באותם שהיו אחריהם הרבה וקרובים אלינו, כמו יוסף דילה ריינ"א וכיוצא בו, המחריבים בית אלקינו ומרבים את פרצותינו.

ולטעם זה לא נחקור אחר שמושי השמות עם היותם נמצאים בספרי הקדמונים, זולת בביאורם ממה שיועיל אל העיון.

וממה שראוי לדעת כי כל האותיות הם תלוים בשם בן ד׳, עד שכמעט קצת האותיות קונה מציאות דומה לו, כמו הא׳ שצורתה שני יודי"ן ווא"ו שעולה כ"ו כמספר השם. וכן ל׳ רומז כ"ו, וכן ט׳ וכן ק׳.

ואל זה הענין ירמוז צרוף האלפא ביתות עם שם בן ד׳, וצרוף הנקוד להחזיר הדברים אל מקורם ולהשפיע עליהם מהמקור העליון.

ולהיות כי הדברים הרוחניים והחושים והשלהביות יתחלקו לפי מקורם. וזה יורה הנִקוד כנרמז לעיל בשער שם בן ד׳ פ"ד.

לכן יוכרח שיצטרף אות השם עם אות האלפא ביתא, ושתיהם עם כל הנקודים אשר יוכלון שאת להיות רומזים אל כל המקורות פרטיים וכללים להיותם נשפעים מהמקור העליון.

[87] פרדס רימונים כא, א

טבלה 1
האותיות והשם המפורש

השם המפורש בגימטרייה: 26

האות אל"ף מורכבת
מאותיות ו, י, י

האותיות טי"ת, למ"ד, קו"ף מורכבות מהאותיות כ, ו

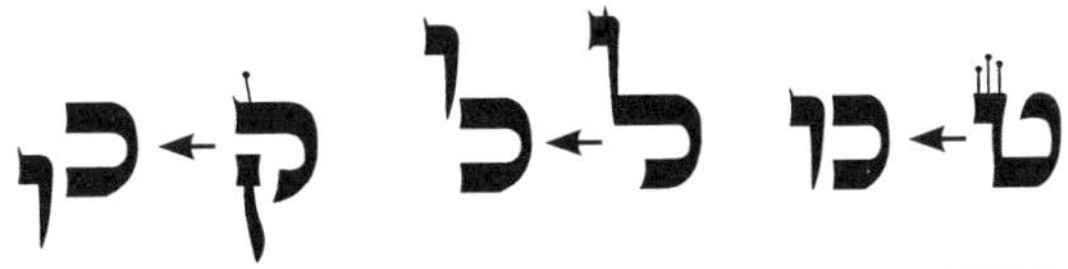

ומפני ענין כללות האורות והארתם אלו באלו, נמצא שפירשו קצת מהקדמונים, כי בצרוף וגלגול שם בן ע"ב או שאר השמות, אחר התבודדות גדול יתגלה לצדיק הזכאי המשכיל בעניינם קצת מחלק הבת קול, ר"ל רוח ה' ידבר בו ומלתו על לשונו.

מטעם שהוא מחבר הכחות ומיחדם ומחשקם איש אל אחיו כמער איש ולויות, עד שיושפע עליו רוב השפע, ובתנאי שיהיה העוסק בכך כלי המוכן לקבל הרוחניות וראוי לכך, שאם לא כן יהפך לאכזר, ונהפכו לו סורי הגפן נכריה, והקריב אש זרה אשר לא צוה ה'.

פרדס רימונים ל, ג.
מצוטט בשערי קדושה חלק רביעי

טבלה 2

שיטה לצירוף אותיות שבה האות יו"ד, האות הראשונה בשם המפורש, מצורפת עם האות אל"ף וחמש התנועות העיקריות. צירופים אלה משמשים ככלי מדיטטיבי.

אֹיֹ אֹיָ אֹיֵ אֹיִ אֹיֻ
אָיֹ אָיָ אָיֵ אָיִ אָיֻ
אֵיֹ אֵיָ אֵיֵ אֵיִ אֵיֻ
אִיֹ אִיָ אִיֵ אִיִ אִיֻ
אֻיֹ אֻיָ אֻיֵ אֻיִ אֻיֻ

יֹאֹ יֹאָ יֹאֵ יֹאִ יֹאֻ
יֹאֹ יָאָ יָאֵ יָאִ יָאֻ
יֹאֹ יֵאָ יֵאֵ יֵאִ יֵאֻ
יִאֹ יִאָ יִאֵ יִאִ יִאֻ
יֻאֹ יֻאָ יֻאֵ יֻאִ יֻאֻ

מערכת דומה:

יו"ד

אֹיֹ אֹיָ אֹיֵ אֹיִ אֹיֻ
אָיֹ אָיָ אָיֵ אָיִ אָיֻ
אֵיֹ אֵיָ אֵיֵ אֵיִ אֵיֻ
אִיֹ אִיָ אִיֵ אִיִ אִיֻ
אֻיֹ אֻיָ אֻיֵ אֻיִ אֻיֻ

ה"א

אֹהֹ אֹהָ אֹהֵ אֹהִ אֹהֻ
אָהֹ אָהָ אָהֵ אָהִ אָהֻ
אֵהֹ אֵהָ אֵהֵ אֵהִ אֵהֻ
אִהֹ אִהָ אִהֵ אִהִ אִהֻ
אֻהֹ אֻהָ אֻהֵ אֻהִ אֻהֻ

וא"ו

אֹוֹ אֹוָ אֹוֵ אֹוִ אֹוֻ
אָוֹ אָוָ אָוֵ אָוִ אָוֻ
אֵוֹ אֵוָ אֵוֵ אֵוִ אֵוֻ
אִוֹ אִוָ אִוֵ אִוִ אִוֻ
אֻוֹ אֻוָ אֻוֵ אֻוִ אֻוֻ

ה"א

אֹהֹ אֹהָ אֹהֵ אֹהִ אֹהֻ
אָהֹ אָהָ אָהֵ אָהִ אָהֻ
אֵהֹ אֵהָ אֵהֵ אֵהִ אֵהֻ
אִהֹ אִהָ אִהֵ אִהִ אִהֻ
אֻהֹ אֻהָ אֻהֵ אֻהִ אֻהֻ

רמח"ל

[ה] ואמנם רצה השם יתברך להיות נקרא בשם, כדי שיוכלו ברואיו להתעורר אליו ולקרוא אותו, להזכירו ולהתקרב אליו.

והנה ייחד לכבודו השם המיוחד, ואמר עליו: "זה שמי לעולם" (שמות ג, טו), והוא השם שנקרא בו על שם הכבוד בעצמו, כפי מה שרצה ליקרא בשם.

ואמנם כפי כל פרטי השפעותיו רצה ונקרא בשמות שונים.

והנה גזר וחקק, שבהזכיר ברואיו את שמו, יימשכו להם ממנו הארה והשפעה, וכענין שנאמר: "בכל המקום אשר אזכיר את שמי אבוא אליך וברכתיך" (שמות כ, כא).

ואולם כפי השם שיזכירוהו ויקראהו בו, כך תהיה ההשפעה הנמשכת על ידי ההזכרה ההיא, פירוש – כי ההשפעה שתימשך תהיה ממין אותה ההשפעה, שעל סודה נתייחס לו, יתברך שמו, השם ההוא.

ואמנם בהמשך ההשפעה תיולד בהכרח התולדה המחוקקת לה, ויתפשט הענין בכל ההשתלשלות מן הראש ועד הסוף, וכמו שזכרנו.

והנה הגבילה החכמה העליונה את הענין בגבולות ידועים ובתנאים מיוחדים, שכשתהיה ההזכרה נשלמת בהם, תימשך ההשפעה ההיא ותיולד התולדה, ולא זולת זה.

והנה בכלל ההשפעות שגזר שיימשכו ממנו, יתברך שמו, סידר שיימשכו השפעות, שבהגיען למי שיקבלן יבוטלו בכחן גבולות מגבולות הטבע, כמו שזכרנו, ויתקשר האיש ההוא עם הנמצאים הרוחניים, ותגיע לו ידיעה והשכלה מהשכלה האנושית, וענינים אחרים ענפי שורש זה, והוא ענין מדרגות הרוח הקודש והנבואה, וכמו שאכתוב לפנים עוד בסייעתא דשמיא.

והנה גזר, שהמשכת ההשפעות האלה גם כן תהיה על ידי האמצעי שזכרנו, דהיינו שמותיו, יתברך שמו, המתייחסים לו על שם השפעות אלה, בהיכון בהם במחשבת הלב או בהזכיר אותם בפה, או צרף אותם בדברים, עם התנאים מה שצריך שיחובר לזה, וכמו שנבאר עוד בסייעתא דשמיא.

[ו] והנה הדבר ידוע, שאף על פי שכלל זה הענין אחד הוא, דהיינו היציאה מגבולי הטבע, הנה פרטי הענין רבים, כפי סדרי מציאויות הנמצאים והדרגותיהם כי כפי מה שטבע הנמצאים וסדרם נותן, כך יהיו פרטי ההשפעות המצטרכות להשלמת הדבר בכל בחינותיו, וכפי זה ירבו פרטי ההזכרה ותנאיהם; וביציאה הזאת עצמה, שזכרנו, מדרגות על מדרגות יימצאו, ככל שאר כללי הדברים המתפרטים בפרטיהם, ויהיה מי שיצא מקצת הקישורים והגבולים, ומי שיצא מקצת יותר. ועוד נדבר מזה לפנים בסייעתא דשמיא.

[ז] ...ואולם לשורש הראשון שהוא הזכרת שמו, יתברך, להימשך ממנו ההשפעה, ודאי שיצטרכו הקורבה אליו, יתברך, וההדבקות בו, וכל מה שירבה הענין הזה, יצלח הדבר ביד העושה אותו, וכל מה שימעט, תתקשה עליו השגת התכלית... אכן הדבר ברור, שאינו ראוי והגון להדיוט שישתמש בשרביטו של מלך, ועל דבר זה אמרו חכמינו, זכרונם לברכה: "ודאשתמש בתגא חלף".[88] ואין היתר בדבר אלא לקדושים הקרובים לו, יתברך, ודבקים בו, שישתמשו בזה למה שיולדו ממנו קידוש שמו יתברך ועשיית רצונו באיזה צד שיהיה;[89] וזולת זה, אף על פי שלא תימנע הפעולה למשתמש אם ישמור דרכי השימוש כראוי, ענוש ייענש על זדונו.[90]

וכבר אמרתי, שעל כל פנים אין הדבר מוחלט, אלא מוגבל בגבולות מה שראתה החכמה העליונה היותו נאות, וגם באותו הגבול עצמו – גזרתו יתברך תמנע התולדה, כל זמן שירצה, כשתגזור חכמתו היות המניעה ראויה ונאותה.

דרך ה' ח"ג ב, ה-ז

ז

מדיטציה

כבר למדנו שהמדיטציה הייתה חשובה מאוד בעבודתם של הנביאים. אולם כיוון שעובדה זו אינה ידועה דיה, יועיל לנו להתבונן בכמה מקורות שמדברים על כך בפירוש. כפי שנראה, שיעור נכבד מן ההוגים והמקובלים המשפיעים ביותר קובעים בבירור שמדיטציה הייתה התרגול החשוב מבין התרגולים הנצרכים להשגת הארה ונבואה.

ישנם מקורות מתקופת התלמוד המלמדים שהנבואה כרוכה בהשקטה תודעתית ברמה גבוהה מאוד. ברוך בן נריה, תלמידו של ירמיהו הנביא, אומר "וּמְנוּחָה לֹא מָצָאתִי" (ירמיהו מה, ג), ומדרש עתיק מאוד מפרש "אין מנוחה אלא נבואה".[91] הכוח וההארה הרוחניים, שהם המרכיב החשוב ביותר של החוויה הנבואית, אינם מצויים ברוח הסערה או ברעש האדמה, כי אם ב"קול דממה דקה" של השלווה המוחלטת. זהו מצב תודעה שמושג על ידי מדיטציה עמוקה.

רבי יצחק אברבנאל (1437-1508, ה'קצ"ז-ה'רס"ח), ממפרשי המקרא ומהפילוסופים המשפיעים ביותר, מדבר בכמה מקומות על המדיטציה בהקשר של נבואה. לדבריו, הצעד הראשון בנבואה הוא השגת מדרגה חזקה של רצון להתקשר לה', ואז יש לקיים מדיטציה עמוקה.

במקום אחר מלמד אברבנאל שהנביאים נהגו לייחד להם מקום למדיטציות שעשו. לאחר שניסה שאול להכות את דוד בחנית, הכתוב אומר "וְדָוִד בָּרַח וַיִּמָּלֵט וַיָּבֹא אֶל שְׁמוּאֵל הָרָמָתָה... וַיֵּלֶךְ הוּא וּשְׁמוּאֵל וַיֵּשְׁבוּ בְּנָיוֹת" (שמואל א' יט, יח). על פסוק זה כותב אברבנאל: "וידמה שהיה ניות מקום סמוך לרמה, והיה שם מושב בני הנביאים, להיותו מקום מוכן להתבודדותם. והלכו שם לבקש את דבר השם. וכן תרגם יונתן, מדרשא דנביאייא [=בית מדרש של נביאים]".

מקורות

רבי מנחם רקנאטי (מחשובי המקובלים, 1223–1290, ד'תתקפ"ג–ה'נ')

כשהיו החסידים ואנשי מעשה מתבודדים ועוסקים בסודות העליונים, היו מדמים בכח ציור מחשבותם כאילו הדברים ההם חקוקים לפניהם.

וכשהיו קושרים נפשם בנפש העליונה היו הדברים מתרבים ומתברכים ומתגלים מאליהן מאפיסת המחשבה...

ועל כן החסידים הראשונים היו מעלין מחשבתם עד מקום מוצאה.

וכן היתה המשכת הנבואה שהיה הנביא מתבודד ומכוין לבו ומדביק מחשבתו למעלה וכפי דבקות הנביא היה צופה ויודע מה שהיה עתיד להיות. זהו "ובו תדבקון" (על פי דברים י, כ).

רקנאטי פרשת ויחי

רבי חסדאי קרשקש (פילוסוף, 1340–1410, ה'ק'–ה'ק"ע)

בבאור הדרך אשר תושג בו מדרגת הנבואה כפי מה שתגזרהו התורה ויסכים בו העיון.

ואומר למה שהתבאר בגדר הנבואה היותה שפע שופע מהאל יתברך על האדם. הנה הוא מבואר שהמוכן אל השלמות הזה הוא הדבק בו והמתבודד תמיד בעבודתו.

ולזה אם יתבאר שבאמצעות התורה והמצות יושג הקשר והדבקות בו יתברך שהוא תכלית השלמות במין האנושי.

הוא מבואר שהדרך הנכון אשר תושג בו המדרגה הזאת הוא בהשגת תכלית הזה שהוא העבודה והאהבה האמתית... שכל אשר יתחזק הקשר והאהבה, יהיה יותר מוכן אל ההשגה הזאת. וכאשר יחמוד בקשר הזה ויפליג ההתבודדות באהבתו, אין ספק שיושפע עליו שפע האלהי, אם לא יעיקהו מעיק.

אור השם ב, ד, ד

הרשב"ץ (רבי שמעון בן צמח דוראן; פילוסוף ופרשן, 1361–1444, ה'קכ"א-ה'ר"ד)

ועמד [משה רבנו] על העיקר והבין דבר מתוך דבר בדקות שכלו וכח התבודדות והבדל מבני אדם המטרידים אותו, ומאס התאוות הגשמיות עד שהיה רועה במדבר, ארץ לא עבר בה איש.

ובלי ספק באותו מקום לרוב דבקותו במושכלות היה שוכח התאות הגופניות עד שהיה קל אליו לעמוד מ' יום ומ' לילה, ושניים ושלישים, לחם לא אכל ומים לא שתה בסיוע הרצון האלהי והתענוג הרוחני בהדבקו עמו.

מגן אבות חלק ב, ב

רבי יצחק אברבנאל

והאות השלישי הוא שיבא גבעת האלקים אשר שם נציבי פלשתים ויפגע חבל נביאים ויצלח עליו רוח השם וינבא עמהם ויהפך לבו לאיש אחר...

והיו בני הנביאים תלמידי שמואל אשר למדם והדריכם והכינם לקבל השפע הנבואיי עולים שמה להתבודד ולהתנבא בסבת שפע ארון האלקים אשר שם.

והיה לפניהם חליל ונבל וכנור והם מתנבאים, רוצה לומר שהיו מכינים עצמם בשמחת אותם הנגונים.

ואמר בכאן "מתנבאים", אין פירושו משבחים כמו שתרגם יונתן ופירשו המפרשים, אבל ענינו שהיו מכינים עצמם ומתבודדים להנבא, כי מתנבאים הוא בנין ההתפעל מהנבואה.

ואמרו "וצלחה עליך רוח השם והתנבית עמם ונהפכת לאיש אחר", פירושו אצלי שיצלח עליו רוח אלקים והוא הרצון והתאוה להנבא. ומיד "והתנבית עמם", רוצה לומר תתעסק להנבא וזכר שישיג מבוקשו ורצונו, וזהו "ונהפכת לאיש אחר", כלומר שישיג השפע הנבואיי ובזה יהיה לאיש אחר.

ויעדו אם כן בהתחלת הנבואה והוא הרצון, ואמצעיתה והוא ההתבודדות להנבא, ובתכליתה שהוא השפע המגיע אליו.

אברבנאל על שמואל א׳ י, ה-ו

רבי מאיר אבן גבאי (פילוסוף קבלי, 1480–1547, ה'ר"ם-ה'ש"ז)

ועניין החלום של נבואה ועניין המראה קרובים להיות זה מעין זה, הואיל ומקורם אחד...

וטעם החלום, הנה סִבתו התבודדות המחשבה וההרהור. ומחוזק ההתבודדות בדבר ההוא אשר בו המחשבה, יתחקה בנפש חקוי חזק, ותתעלה הנפש כאילו היא נשללת מן הגוף מצד ההתבודדות ההוא. ולא יעצרנה הגשם.

וזה לשון 'חלום' מלשון "ותחלימני ותחייני" (ישעיהו לח, טז), שסיבתו מחלימות הנשמה וחיותה בהיותה גוברת על הגוף, ובהיותו על הכנה זו מהתבודדות, יחלימוהו חלום נבואה ויודיעוהו הרהורי לבו...

ומראה הנבואה סבת היות הנביא מתבודד בעצמו, ומסתכל במראות הצובאות סוד ההיכלות העליונים, ומקשרם ומיחדם למעלה בסבותיהם. ומחשבתו משוטטת בצורות הנוראות אשר בכל היכל והיכל, ונקשרת ומתיחדת צורתו בהם.[92]

ובזה מתפשט ונשלל ממקרי הגוף והרגשותיו, ומתערב בצורות ההן ומתלבש בהן, ומתוכן רואה מה שרואה כפי מדרגתו והשגתו.

ועל דרך זה מקבל דברי נבואתו, ונחקקת בלבו הנבואה ההיא חקיקה ציורית רוחנית.[93]

ואחר הסתלקות המראה ההיא מעליו מתפשט

מהצורה ההיא אשר היה בה מתלבש בכח צורתו הראשונה. ויש לזה רמז בתורה והוא אמרו "וילך ה׳ כאשר כילה לדבר אל אברהם ואברהם שב למקומו" (בראשית יח, לג), כלומר למדרגתו הראשונה אשר היה בה קודם המראה.

וראיתי לקצת מחכמי האמת שקבלו מן הגאונים ז"ל שכתבו בזה הלשון:

"והנביא והרואה, כל מיני כחותיו נחלשים ומשתנים מצורה לצורה, עד אשר מתלבש בכח הצורה הנגלית אליו, ואז נהפך כחו בצורת מלאך, והצורה ההיא המתחלפת בו נותנת בו כח לקבל הכח הנבואי, ונחקק בלבו חקיקה ציורית רוחנית. וכשהשליח גומר ועושה שליחותו, אז הנביא ההוא מתפשט מכח הצורה הנגלית אליו, ומתלבש בכח צורתו הראשונה, פושט צורה ולובש צורה, אז כל האיברים זה עם זה חוזרים ומתדבקים, וכל כחותיו הגשמיות חוזרות חלילה כאשר בתחלה, ואז מדבר ומתנבא בתואר בני אדם". עד כאן.

עבודת הקודש, סתרי תורה כז

רבי משה קורדובירו

צריך שיתלמד עם מלמד חשוב, כענין בני הנביאים שהיו מכינים עצמם אל הנבואה.

וזה שהיה עוד צריך אליהם שמחה כענין "קחו לי מנגן והיה כנגן המנגן" וכו׳ (מלכים ב׳ ג, טו).

והיו מתבודדים כפי ידיעתם להתבודד, בהשגת המעלות הנפלאות והפשטת חומרם והגברת השכל בגוף עד שהחומר נעזב ולא היו משיגים בו כלל.

אלא כל השכלתם בדרושים וסדר המעלות ההם העליונות, ומתבודדים ונפשטים מהחומר ומסתלקים.

שיעור קומה טז

ח

השתלשלות

מכל המקורות הללו ברור ונהיר שהמדיטציה מילאה תפקיד מפתח במלאכתם של הנביאים, ושימשה מרכיב הכרחי בתהליך השגת ההארה הנבואית. אולם, עם חורבן בית המקדש הראשון וגלות בבל, בתי הספר לנבואה איבדו את השפעתם, והנבואה כמעט נעלמה מהבמה.

כמה טעמים ניתנו לכך. אחד הוא שידוע שנבואה אמיתית יכולה להופיע רק בארץ ישראל. אומנם הארת רוח הקודש, הכללית יותר, ניתנת להשגה בכל מקום בעולם, אך נבואה ממשית, שבה מופיע מסר מובחן, מצריכה תנאים מיוחדים.[94] גם לאחר מכן, כיוון שרוב ישראל לא חזרו לארץ ישראל אחרי גלות בבל, אי אפשר היה להשיג עוד את הנבואה כצורתה.[95]

בתי הספר לנבואה מעולם לא קיבלו מועמדים ללא אבחנה, אך בעקבות הגלות הם הפכו למעשה חבורות חשאיות. מנהיגי ישראל זיהו שהחיפוש הגלוי אחרי נבואה וחוויות מיסטיות הוביל רבים לעסוק בעבודה זרה ובכישוף, דברים

שבמידה רבה גרמו את הגלות, והיו נחושים שלא לאפשר לכך לקרות שוב. לפיכך הם "ביטלו את יצר העבודה הזרה" והגבילו את כל הלימודים המיסטיים למחוזות מוגבלים מאוד, היכן שמצויים האנשים המפותחים ביותר מבחינה רוחנית.[96]

נקודת המוקד של היהדות כולה השתנתה בעקבות כך. החתירה לנבואה ולהארה מיסטית, שמילאה תפקיד מפתח בחיי כלל האוכלוסייה, נדחקה עתה לקרן זווית. המוקד השתנה, וכעת התורה שבעל פה, עם כל מורכבותה, עמדה במרכז החיים הלאומיים עד שהגיעה לשיאה עם יצירת התלמוד. הפעילות המיסטית שהתקיימה הייתה מעתה נחלתן של חבורות קטנות, מוגבלות וסודיות. הכלל הרווח היה "אין דורשין בעריות בשלשה, ולא במעשה בראשית בשנים, ולא במרכבה ביחיד, אלא אם כן היה חכם ומבין מדעתו".[97]

פועל יוצא חשוב של התהליך הזה הופיע בשדה התפילה. בימי הנביאים לא הייתה עבודת תפילה מוגדרת ומנוסחת, וכל אדם היה מתפלל במילותיו שלו. אם היה צורך בתפילה מסוימת כדי לקבל השפעה של מדרגה או של אנרגיה רוחנית מסוימת, היא הייתה יכולה להיאמר על ידי אחד מן הנביאים או תלמידיהם, שידעו כיצד לנסח את מילותיה כך שיפעילו את הכוחות הנצרכים. מטעם זה שליח הציבור נקרא **חזן**, מילה שהשורש שלה משותף עם המילה הנבואית **חזון**.[98]

אולם כאשר חדלה הנבואה, הדבר לא התאפשר עוד, ונוצר צורך בניסוח מערכת מוגדרת של עבודת תפילה, שתכלול בתוכה את כל המרכיבים המיסטיים. הדבר נעשה על ידי אנשי כנסת הגדולה, תחת הנהגתו של עזרא הסופר,

זמן קצר אחרי השיבה מגלות בבל.[99] חשוב לציין שכמה מן הנביאים האחרונים היו שותפים בחיבור התפילות הללו.[100]

מסורות נבואיות רבות הועברו לחכמי התלמוד והלאה. תיאור מצוין לכך מצוי בהקדמתו של רבי חיים ויטאל לספר שערי קדושה, כפי המובא להלן בהרחבה:

"ראיתי בני עלייה והם מועטים",[101] משתוקקים לעלות, והסולם נתעלם מעיניהם, ויתבוננו בספרים הקדמונים, לחפש ולמצוא אורחות חיים, את הדרך ילכו בה ואת המעשה אשר יעשון, להעלות נפשם אל שרשה העליון, ולדבקה בו יתברך, כי הוא השלימות הנצחי.

כענין הנביאים, שכל ימיהם נדבקו בקונם, ובאמצעות הדביקות ההוא שרתה עליהם רוח הקודש, להורותם איזה הדרך ישכון אור, להאיר עיניהם ברזי תורה, כמו שהתפלל דוד המלך ע"ה, "גַּל עֵינַי וְאַבִּיטָה נִפְלָאוֹת מִתּוֹרָתֶךָ" (תהילים קיט ,יח), ולהדריכם בדרך ישרה, ללכת אל עיר מושב המזומן להם עם בני עליה.

ואחריהם באו החסידים הראשונים, הנקראים "פרושים",[102] ובקשו לצאת בעקבותיהם של נביאים ובמעגלותיהם, ולהתדמות להם, במערות צורים ובמדברות, ופירשו מדרכי בני אדם, ומהם פרושים בבתיהם, כדמיון הולכי מדברות.

וכל היום וכל הלילה תמיד לא יחשו, להלל את בוראם בעסק תורה ובשירי דוד המלך ע"ה המשמחים את הלב, עד אשר תדבק מחשבתם בכח וחשק נמרץ

באורות העליונים. והתמידו בכך כל ימיהם, עד אשר עלו למדרגת רוח הקודש, "וַיִּתְנַבְּאוּ וְלֹא יָסָפוּ" (במדבר יא, כה), כמו שתרגם אונקלוס, "ולא פסקו".

ועם היותם כי לא ראי זה כראי זה, לא נמצאו אופני דרכיהם ושימושיהם, איכה יעבדו הקדושים האלה את השי"ת, ונעשה כן גם אנחנו.

ועל כן נתמעטו הלבבות, גם הידיעות, של הדורות הבאים אחריהם, ופסקו בעלי רוח הקודש, סעו המה למנוחות, עזבו אותנו לאנחות, צמאים גם רעבים, עד אשר צמח ייאוש בלבות בני האדם לתור בחכמה נפלאה הלזו. ואם ימצאו שנים שלשה גרגרים בראש אמיר, אחד מעיר ושנים ממשפחה, מבקשים מים – ואין, כי נסתם כל חזון,[103] לסיבת אשר לא כתוב בספר אופן מעשהו, להתקרב לגשת אל הקודש פנימה.

ויש מהם אשר היו משביעים בכח שמות הקודש אל המלאכים, ויקוו לאור, והנה חושך, כי היו מלאכים תחתונים מאוד, ממונים על עבודת העולם הזה, והם מורכבים מטוב ורע, והן עצמן לא ישיגו האמת והאורות העליונים, ומגלין להם דברי תערובות, טוב ורע, אמת ושקר, ודברים בטלים דעניני רפואות, וחכמת הכימי"א, ופעולות קמיעין והשבעות.[104]

"וְגַם אֵלֶּה בַּיַּיִן שָׁגוּ וּבַשֵּׁכָר תָּעוּ" (ישעיהו כח, ז). מי יתן והיה לבבם זה לעסוק בתורה ובמצוות, וישאו קל וחומר מאותן ארבעה גדולי ישראל, שנכנסו

לפרדס ולא נמלט מהם איש, כי אם ההוא סבא חסידא, רבי עקיבא[105] (ואף הוא, בקשו מלאכי השרת לדחפו, לולא ה׳ עזרתה לו), "נכנס בשלום ויצא בשלום".[106]

והאמת, כי הם בקשו מדרגות גדולות, קרובות אל הנבואה, ועל כן נסתכנו קצתם. אכן, אנחנו, הלואי שנזכה אל רוח הקודש מועט, כענין גילוי אליהו ז״ל, אשר רבים זכו אליו, כמפורסם, וכענין גילוי נשמות הצדיקים, כנזכר הרבה פעמים בספר התיקונים. ולא עוד, כי גם בזמנינו זה ראיתי אנשים קדושים זכו לכל זה.

ויש אשר נפשו עצמתו, בהזדככה במאוד מאוד, תתגלה לאדם ותנהיגהו בכל דרכיו. וכל אלה, דרכים קרובים, יושגו אף בזמנינו זה אל הראויים אליהם. אך, אמנה, צריך הבחנה גדולה ונסיונות רבות לעמוד על האמת, אולי רוח אחרת היתה עמו, בלתי טהור...

ועל כן חיברתי חיבור זה, קטן הכמות ורב האיכות, למשכילים יזהירו, וקראתיו שערי קדושה, ובו אבאר סתרים, לא שערום הראשונים אשר היו לפנינו, כי אני קבלתים מפה איש קדוש, מלאך ה׳ צבאות, מורי האר״י לוריא ז״ל. ולהיותם רזי עולם ותעלומות סתרים, אגלה טפח ואכסה אלפים אמה, ואפתח בדוחק שערי הקדושה, כמחט סדקית, ומי שיהיה ראוי יזכה להכנס לפני לפנים. וה׳ הטוב לא ימנע טוב להולכים בתמים.

שערי קדושה, הקדמה

חלק שלישי

ארכיאולוגיה מילולית

א
רמזים

למדנו שמדיטציה מילאה תפקיד חשוב בפעילותם של הנביאים וסייעה בעדם להגיע למדרגות גבוהות במיוחד של מצבי תודעה. בעקבות זאת, היינו מצפים למצוא לפחות רמז לכך בכתביהם, ובתנ"ך בכלל. אם הנביאים עסקו במדיטציה ובמצבי תודעה, מן הסתם היה להם אוצר מילים שבאמצעותו דיברו על כך. גם אם לא התייחסו לתרגולים הללו באופן מפורש, סביר לצפות שכמה מן המילים הללו ימצאו את דרכן אל התנ"ך.

הניסיון לגלות אוצר מילים זה הוא משימה קשה מאוד. לכל עניין מעשי, הנבואה חדלה עם חורבן בית המקדש הראשון וגלות בבל, לפני כאלפיים וחמש מאות שנים. אז הגיעה תקופה של כמה מאות שנים שבמהלכן לא נכתבו פירושים כלשהם על התנ"ך, ומעט מאוד ספרות התפרסמה בכלל. כתוצאה מכך, אוצר המילים ששימש את הנביאים לתיאור ההנהגות וההתנסויות שלהם נשכח ברובו.

קושי נוסף נובע מן העובדה שהנביאים שמרו על שתיקה בכל הנוגע לדרכי הנבואה ולהתנסויות שחוו, וכך נהגו גם תלמידיהם. כמעט אין בתנ"ך דיון מפורש ביחס לשאלה כיצד השיגו הנביאים את מצב ההארה שלהם, ומלבד יוצאי דופן מעטים מאוד אין כל תיאור של חוויותיהם. אם יש בתנ"ך אוצר מילים כלשהו, הוא משמש בעיקר באופן פואטי או כבדרך אגב.

החיפוש אחרי ביטויים וטרמינולוגיה שכאלה הוא ממש תרגיל ב"ארכיאולוגיה מילולית". אנחנו נדרשים לחפור אל תוך הטקסט המקראי, לחפש אחר מונחים בעלי סיכוי גבוה, ואז לנסות לגלות את המשמעות המדויקת שלהם באמצעות ההקשר והניתוח הלשוני. בתהליך החיפוש הזה אנו מוצאים עזרה חשובה בדברי המדרשים והתלמודים.

הדרך הפשוטה ביותר למצוא התייחסויות למדיטציה בתנ"ך היא לחפש בתרגומים השונים, בפרט בקדומים שבהם, שעשויים להיות מבוססים על מסורות עתיקות. אף על פי שאיננו יכולים לסמוך על התרגומים האלה כמקורות לפירוש מדויק לגמרי, הם יכולים לסייע מאוד במתן רמזים שאותם נוכל לחקור באופן מלא יותר. אולי הם לא יגלו לנו את מה שמתחת לפני השטח, אבל הם יכולים לסמן היכן כדאי לנו לחפור. לאחר שנתחיל לעיין, נוכל לגבש משמעות מדויקת של המילה.

בתרגומיו הקלאסיים של התנ"ך לאנגלית, המילה "מדיטציה" על הטיותיה מופיעה שבע עשרה פעמים.[1] כשחוזרים ובודקים את העברית שבמקור, מוצאים שבכל אחד

מהמופעים הללו משמש אחד מהמונחים "שיח" או "הגה". בתרגומים הקלאסיים אין מילה מלבדן שמתורגמת כמדיטציה. לכן הגיוני להתחיל את ה"חפירה" שלנו במילים האלה.

ב

לשחות בהיסח הדעת

ההתייחסות הראשונה בתנ"ך למדיטציה מופיעה מייד אחרי שרבקה הובאה מחרן להינשא ליצחק, ממש קודם פגישתם הראשונה. "וְיִצְחָק בָּא מִבּוֹא בְּאֵר לַחַי רֹאִי... וַיֵּצֵא יִצְחָק לָשׂוּחַ בַּשָּׂדֶה לִפְנוֹת עָרֶב" (בראשית כד, סב-סג).

המילה "לָשׂוּחַ" מופיעה רק בפעם הזאת בתנ"ך. אולם היא קרובה מאוד למילים "שיח" ו"שיחה", שגם הן מתורגמות כמתייחסות למדיטציה. הגמרא מזהה את הקשר הזה, וקובעת שהמילה "לשוח" נושאת משמעות של תפילה או עבודת ה': "אין שיחה אלא תפילה".[2]

אחד מהמפרשים המאוחרים, הרב מאיר לייבוש וייזר (המלבי"ם, 1809–1879, ה'תקס"ט-ה'תר"ם) קובע בבירור שיצחק עסק בצורה עתיקה של מדיטציה. "בְּאֵר לַחַי רֹאִי" היה המקום שבו נגלה המלאך להגר אחרי שגורשו היא וישמעאל על ידי שרה, וכיוון שבמקום הזה נגלה מלאך, הוא הפך מקום קדוש. אלו דבריו: "ויען שהבאר הזה היה מקום קדוש בעת

ההיא על ידי שנתראה שם המלאך, היה יצחק הולך לשם בכל יום אחר חצות להתבודד שם".[3] חשוב לציין שהמלבי"ם משתמש בפועל "להתבודד", שכפי שראינו משמעו הבידוד הפנימי של התודעה בשעת מדיטציה.

דברי הגמרא שהמילה "לשוח" מציינת עבודת ה׳ או תפילה כלשהי נתמכים על ידי כמה פסוקים. אנו מוצאים ביטויים כגון "שְׁמַע אֱלֹהִים קוֹלִי בְשִׂיחִי" (תהילים סד, ב), ובאופן עוד יותר מפורש "תְּפִלָּה לְעָנִי כִי יַעֲטֹף וְלִפְנֵי ה׳ יִשְׁפֹּךְ שִׂיחוֹ" (שם קב, א). כאן הביטוי מתייחס בפירוש לקשר עם ה׳, ומהפסוק הקודם ברור שהוא עשוי להיות גם מילולי. כך, אף על פי שמדיטציה היא בראש ובראשונה פעולה תודעתית, סוג המדיטציה שמבוטא על ידי המונח "שיח" יכול להיות גם מילולי.

במקומות רבים נוספים בתנ"ך המילה "שיח" מתייחסת בבירור לדיבור ממשי.[4] בלשון חכמים זוהי המשמעות הפשוטה של "שיחה", והיא מציינת דיבורים בטלים או דיבור שאין לו משמעות מעשית.[5]

עם זאת, ישנם מקומות שבהם המונח מתייחס למדיטציה שאינה מילולית, כאשר הדוגמה הברורה ביותר היא "אֶזְכְּרָה נְגִינָתִי בַּלָּיְלָה עִם לְבָבִי אָשִׂיחָה, וַיְחַפֵּשׂ רוּחִי" (תהילים עז, ז). מפסוק זה אנו לומדים שני דברים: ראשית, ש"שיח" הוא תהליך שיכול להתרחש במחשבה לבדה, כשאדם מתקשר במהלכו לליבו שלו. וחשוב מכך, שתהליך זה קשור ל"רוח", מדרגת הנשמה הקשורה בהארה, בשעה שהיא עסוקה בחיפוש.[6] המונח "שיח" קשור מאוד אם כן לחיפוש הארה ולבחינה פנימית של האדם את רוחו.

רבי אברהם אבן עזרא, אחד מגדולי מפרשי המקרא, רואה זאת כרמז פרשני. לפחות בשני מקומות הוא מפרש את המילה "שיח" כמציין שיחה של האדם עם ליבו. מקום אחד הוא בפירושו על הפסוק "בְּפִקֻּדֶיךָ אָשִׂיחָה" (תהילים קיט, טו), ומקום נוסף הוא בפסוק "הֲדַר כְּבוֹד הוֹדֶךָ וְדִבְרֵי נִפְלְאוֹתֶיךָ אָשִׂיחָה" (שם קמה, ה). על פי האבן עזרא, משמעות המילה "שיח" היא דיבור של האדם עם עצמו על תורת ה' ומפעלותיו.

לפחות במקרה אחד המילה "שיח" קשורה בבירור לנבואה. הנביא אלישע שלח נביא אחר אל יהוא, אחד משומרי המלך אחאב, עם הוראות למרוד במלך ולקחת ממנו את השלטון. אחרי שהלך הנביא, שאלו האנשים שלצד יהוא מדוע בא הנביא. הכתוב אומר אז "וְיֵהוּא יָצָא אֶל עַבְדֵי אֲדֹנָיו וַיֹּאמֶר לוֹ הֲשָׁלוֹם מַדּוּעַ בָּא הַמְשֻׁגָּע הַזֶּה אֵלֶיךָ, וַיֹּאמֶר אֲלֵיהֶם אַתֶּם יְדַעְתֶּם אֶת הָאִישׁ וְאֶת שִׂיחוֹ" (מלכים ב' ט, יא). על פסוק זה כותב המפרש רבי לוי בן גרשון (רלב"ג): "קראו הנביא משוגע לפי שמרוב התבודדות שכלם בשם יתברך היו שוגים בשאר הענינים".

אומנם פירושה הפשוט של המילה "שִׂיחוֹ" כאן היא "דיבורו", אך בה במידה אפשר לפרשה כ"התבודדות" או "מדיטציה", כמו במקומות אחרים. לפי זה, משמעות תשובת יהוא "אַתֶּם יְדַעְתֶּם אֶת הָאִישׁ וְאֶת שִׂיחוֹ" היא שאותו אדם היה נביא שעסק רבות ב"שיח", מדיטציה, ושאנשים דוגמתו נחשבים משוגעים ולכן יש להתעלם מהם.

אנו רואים אם כן שהשורש שי"ח מתייחס לצורה של מדיטציה שיכולה להיות מילולית או לא מילולית, ושלפחות

בכמה מקומות התנ"ך מקשר את השיח לרוח ולנבואה. מלבד זאת, המילה הזו משמשת גם לציון שיחה סתמית או שיחה שאינה נוגעת למעשה.

נראה מן ההקשר שהמילה "שיח" מתייחסת למדיטציה בלתי סדורה המופנית פנימה, מילולית או לא מילולית, שסובבת סביב נקודה אחת. האדם ממקד את תודעתו בנושא אחד, ואז מאפשר למחשבותיו לרפרף סביבו, להביט בו מכל עבר. זהו ללא ספק ההקשר של פסוקים כגון "וְאָשִׂיחָה בְּנִפְלְאוֹתֶיךָ" (תהילים קיט, כז), וגם "וְאָשִׂיחָה בְחֻקֶּיךָ" (שם קיט, מח). היעד העיקרי של המדיטציה בפסוקים אלה הוא נפלאותיו וחוקיו של ה', כאשר המחשבה והשפתיים סוקרות אותם מכל זווית.

מדיטציה שכזו עשויה להיות מורכבת גם משירה ונגינה בפה, שבמהלכה מתאפשר לשכל לשוטט סביב נושא מוגדר. זוהי ככל הנראה משמעות הכתוב "אָשִׁירָה לַה' בְּחַיָּי אֲזַמְּרָה לֵאלֹהַי בְּעוֹדִי. יֶעֱרַב עָלָיו שִׂיחִי אָנֹכִי אֶשְׂמַח בַּה'" (תהילים קד, לג-לד). רעיון דומה מובע בפסוק "שִׁירוּ לוֹ, זַמְּרוּ לוֹ, שִׂיחוּ בְּכָל נִפְלְאוֹתָיו" (שם קה, ב). מדיטציה מסוג זה קשורה עם נבואה, כיוון שכפי שראינו הנגינה הייתה חשובה מאוד לשם הגעה אל מצב תודעה נבואי.

סוג חשוב נוסף של מדיטציית שיח כרוך בתפילה. כאן הנושא המרכזי של המדיטציה הוא צרותיו של האדם, או מאמציו להשתפר, ושוב – מחשבותיו של המתבודד חופשיות לשוטט סביב הנושא המרכזי. המחשבות הספונטניות של האדם יכולות להיות מובעות בתפילה בצורת מילים, וזו כוונת מאמר

הגמרא שצוטט לעיל ש"שיחה" היא תפילה. חשוב לציין שרבי נחמן מברסלב, המורה החסידי החשוב, משתמש במונח "שיח" בשעה שהוא מדבר על מנהג ההתבודדות שייסד, מנהג שהוא תפילה אישית־ספונטנית, ולמעשה מדיטציה מילולית מוכוונת פנימה ובלתי סדורה.

ניתוח לשוני חשוב של המילה "שיח" נעשה על ידי המדקדק המפורסם, רבי שלמה פפנהיים (1750-1814, ה'תק"י-ה'תקע"ד).[7] הוא קובע שמילה זו קרובה לשורש נס"ח, שפירושו "להסיר" או "לתלוש", שכן סמ"ך ושי"ן מתחלפות לעיתים קרובות. המילה "שיח" מתייחסת אפוא לדיבור שתכליתו אינה התוכן שלו, אלא הסרת מחשבות אחרות מן התודעה וניקויה מדאגות, בעיות ועניני חולין אחרים. משמעותה העיקרית היא אם כן **הסחת** דעת, תהליך שנועד להסיר מהתודעה את כל המחשבות החיצוניות.

המונח "היסח הדעת" משמש מדי פעם לציין את סילוק כל המחשבות הזרות מן התודעה כדי שאדם יוכל להיטיב להתרכז בנושא אחד. הגמרא משתמשת בו באופן זה כשהיא אומרת שהביטוי "יסיח דעתו", שנאמר על ידי חכמים, משמעו "יסיח דעתו מדברים אחרים" כדי שיוכל להתרכז בעניין מסוים.[8]

המילה "מסח" קרובה מאוד לעניין זה, וככל הנראה מקורה מאותו שורש. מילה זו מופיעה פעם אחת בלבד בתנ"ך, ביחס למשמר שסביב ארמון המלוכה, שבו שליש מן החיילים שימשו כמחסום מיוחד: "וְהַשְּׁלִשִׁית בַּשַּׁעַר אַחַר הָרָצִים וּשְׁמַרְתֶּם אֶת מִשְׁמֶרֶת הַבַּיִת מַסָּח" (מלכים ב' יא, ו).

המפרשים מסבירים שהכוונה למשמר מיוחד "שישמרו שלא יסיחו דעתם לענין אחר אלא דעתם יהיה למשמרת לשמור את המלך".[9] ובמילים אחרות, יסיחו דעתם מכל מחשבה אחרת כדי להתרכז לגמרי במשימה שהופקדו עליה.

מכל זה ברור שהמילה "שיח" מתייחסת למעשה למדיטציה שבה אדם מסלק מדעתו כל מחשבה אחרת ומתרכז ברעיון אחד. במקרים רבים זו יכולה להיות המדיטציה הבלתי סדורה שמוכוונת פנימה, אשר תוארה לעיל; אבל במובן רחב יותר, זוהי התבוננות ברעיון אחד עד שהוא ממלא לגמרי את התודעה. הדבר נאמר בפירוש על ידי רבי דוד קמחי (רד"ק; 1235-1160, ד'תתק"ך-ד'תתקצ"ה), אחד מפרשני התנ"ך והמדקדקים החשובים ביותר, המבאר בפירושו לפסוק "קִדְּמוּ עֵינַי אַשְׁמֻרוֹת לָשִׂיחַ בְּאִמְרָתֶךָ" (תהילים קיט, קמח) ש"לָשִׂיחַ" פירושו להתבונן.

בהקשר הזה, המילה "שיח" קשורה למילה "לסחות" שפירושה "למחות". זאת משום שמדובר בתהליך שבו אדם מוחה את כל יתר מחשבותיו מן התודעה.

חשובה אף יותר היא העובדה שהמילה "שיח" קשורה לשורש שׂח"ה, כלומר לשחות או לצוף על גבי המים. הקשר בין שני השורשים האלה כה קרוב, עד שבמקום אחד בתנ"ך ישנו ספק לאיזה מהם הכוונה. מדובר על הפסוק "יָגַעְתִּי בְּאַנְחָתִי אַשְׂחֶה בְכָל לַיְלָה מִטָּתִי בְּדִמְעָתִי עַרְשִׂי אַמְסֶה" (תהילים ו, ז). הפשט הוא שהדמעות מציפות את המיטה, עד שצריך לשחות בתוכה, וכך מפרשים כל הפרשנים העיקריים. אולם התרגום העתיק לארמית מתרגם "אַשְׂחֶה בְכָל לַיְלָה מִטָּתִי" – "אֲמַלֵּל

בְּצַעֲרֵי בְּכָל לֵילְיָא", ומכאן שעל פי התרגום המילה "אשחה" היא מלשון "שיח" ולא מלשון "שחייה".

בהקשר הזה, הן המילה "שיח" והן המילה "שחה" קשורות ל"שער" הבסיסי בן שתי האותיות **ש"ח**,[10] שפירושו לצוף או לשחות. שער זה קרוב מאוד לשער **ש"א**, המבטא את רעיון ההתרוממות, כמו בפועל "נשא". כבמקרים רבים, שער זה קשור גם לשער בעל משמעות הפוכה לגמרי: אנו מזהים קשר קרוב בין המילים הללו ובין השורש שח"ה, שפירושו התכופף.

למילה "שיח" ישנה אם כן גם משמעות של ציפה או התרוממות אל שיאה של מדרגה נמוכה. באמצעות מדיטציית שיח האדם נישא כלפי מעלה מבחינה רוחנית, וצף דרך העולמות העליונים. כשם שהשחיין צף אל פני המים, כך מי שעוסק במדיטציית שיח צף מבעד לעולם החולין ונכנס אל תחום המציאות הנבדלת מהעולם.

ייתכן מאוד שבהקשר זה הגמרא אומרת שרבן יוחנן בן זכאי היה בקי ב"שיחת מלאכי השרת ושיחת שדים".[11] חשוב מאוד לציין שלצד זה נאמר שם שהוא היה בקי במעשה מרכבה, שכפי שלמדנו כרוך במצבי התודעה העמוקים ביותר. המילונאי החשוב רבי נתן בן יחיאל מרומי (1035-1106, ד'תשצ"ה-ד'תתס"ו), בעל ספר הערוך, מפרש כאן שרבן יוחנן בן זכאי ידע כיצד לתקשר עם הישויות הרוחניות האלה, ומכאן שהוא ידע כיצד "לשחות" כלפי מעלה ולצוף אל מקומן.[12] גם בזוהר מובא באופן ברור ש"שיחה" מסוג זה משמעה שיחה עם השכינה.[13]

אחד מהקשרים המעניינים ביותר ביחס למילה "שיח" הוא העובדה שהיא משמשת לתאר גם שיח שצומח. המקום שבו הדבר הכי ניכר הוא הפסוק "וְכֹל שִׂיחַ הַשָּׂדֶה טֶרֶם יִהְיֶה בָאָרֶץ" (בראשית ב, ה). המדקדק וההוגה הבולט, רבי שמשון רפאל הירש, אומר שבשני המקרים המילה "שיח" משמעה צמיחה, של צמח או של מחשבה. במובן זה יש לה גם קונוטציה של תנועה כלפי מעלה, כמו במושג הציפה שנדון לעיל. רש"ר הירש מבאר שיש כאן גם משמעות של צמיחה ועלייה רוחנית.[14]

היחס הזה נעשה חשוב עוד יותר כאשר שמים לב שבמקומות רבים, בפרט בספרות הקבלה, עלייה למציאות רוחנית גבוהה יותר מתוארת כטיפוס ב"עץ החיים".[15] הדבר נרמז היכן שהכתוב מדבר על הכרובים שתפקידם "לִשְׁמֹר אֶת דֶּרֶךְ עֵץ הַחַיִּים" (בראשית ג, כד), כנזכר לעיל. העניין מובע גם בפסוק שאומר ביחס לחוכמה "עֵץ חַיִּים הִיא לַמַּחֲזִיקִים בָּהּ" (משלי ג, יח). לכן הגיוני לפרש שהמילה "שיח" מתייחסת לטיפוס על גבי עץ החיים הזה.

ייתכן שמטעם זה ה' התגלה למשה בתחילה דרך הסנה הבוער. המדרש מקשר זאת במובהק למושג העצים באופן כללי.[16]

לעיתים קרובות נוכל לקבל מושג על דרכי הנבואה מתוך המנהגים האליליים שניסו לחקות אותן. כשאנו מבינים כמה חשוב היה עץ החיים בהקשר של מדיטציה נבואית, נוכל להבין גם כיצד נעשה העץ חלק מרכזי בכמה שיטות ומדיטציות של עבודה זרה. בטקסים הללו נודעה חשיבות מיוחדת לעץ

האשרה, שמוזכר בתנ"ך פעמים רבות. התנ"ך מגנה טקסים שכאלה בבירור בפסוקים כגון "לֹא תִטַּע לְךָ אֲשֵׁרָה כָּל עֵץ אֵצֶל מִזְבַּח ה' אֱלֹהֶיךָ" (דברים טז, כא).

עובדי האלילים, שהבינו את חשיבות סמל העץ במדיטציה הנבואית, ניסו לחקות זאת. הם נטעו למעשה עצים רבים ששימשו מושא המדיטציות והחזונות שלהם. באמצעות עצי אשרה שכאלה, הם קיוו לעלות אל העץ הרוחני, שקרוב לוודאי סברו שהוא עץ החיים. עצם המילה "אשרה" באה אם כן ככל הנראה מן המילה "שור", כלומר לראות, לקבל חזון.

מכאן שהמילה "שיח" קשורה ל"עץ" במובנו הרוחני, והיא משמשת כלי מדיטטיבי לתקשור עם מה שמעבר לעולם. ה"עץ" הזה מתואר לעיתים קרובות כמערך שלם של ספירות, וכפי שלמדנו עלייה בשלבי המערך הזה ממלאת תפקיד מפתח במדיטציה הנבואית.[17] היחס בין מושג ה"עץ" ובין התהליך השכלי נרמז במידת מה בכך שהמילה "עץ" קרובה למילה "יעץ".[18]

היחס בין שני מובניה של המילה "שיח" – תקשורת עם מה שמעבר לעולם, וצמח – מובע בבהירות במדרש. כשהגר וישמעאל גורשו על ידי שרה, הכתוב מספר שהגר השליכה את ילדה "תַּחַת אַחַד הַשִּׂיחִם" (בראשית כא, טו). המדרש אומר שהשימוש כאן במילה "שיח" הוא מפני ששם שוחח המלאך עם הגר.[19] חשוב לציין שהדבר אירע בבאר לחי רואי, אותו מקום שבו התבודד יצחק בהמשך, והיכן שהפועל "לשוח" מופיע בפעם הראשונה.

העץ מסמל גם את המהות הרוחנית של האדם, כמו שרמוז בפסוק "כִּי הָאָדָם עֵץ הַשָּׂדֶה" (דברים כ, יט).[20] הזוהר אומר ש"הַשָּׂדֶה" האמור בפסוק זה הוא "חקל תפוחין קדישין", "שדה תפוחים קדושים", מונח המציין את השכינה.[21] דברי הזוהר הללו מעניקים חשיבות נוספת לפסוק הראשון שבו מופיע הפועל "לשוח" – "וַיֵּצֵא יִצְחָק לָשׂוּחַ בַּשָּׂדֶה".

המילה "שיח" מציינת אם כן תהליך שבו האדם נכנס אל תוך המהות הרוחנית שלו־עצמו ומטפס בסולם הרוחני של נשמתו.[22]

המשמעות הרוחנית של "העץ" בהקשר זה ניכרת גם מן המצווה ליטול את ארבעת המינים בחג הסוכות. הכתוב אומר: "וּלְקַחְתֶּם לָכֶם בַּיּוֹם הָרִאשׁוֹן פְּרִי עֵץ הָדָר כַּפֹּת תְּמָרִים וַעֲנַף עֵץ עָבֹת וְעַרְבֵי נָחַל, וּשְׂמַחְתֶּם לִפְנֵי ה' אֱלֹהֵיכֶם שִׁבְעַת יָמִים" (ויקרא כג, מ). המאפיין המדהים ביותר של המצווה הזו הוא העובדה שכל ארבעת המינים נלקחים מעצים.

כמה מקורות, הן מדרשיים הן קבליים, מבארים שארבעת המינים משקפים יסודות שונים באדם, וכן יסודות רוחניים בעליונים.[23] מעניין במיוחד לשים לב שהמינים הללו ניטלים דווקא בחג הסוכות, שהוא זמן מיוחד של השתוקקות לרוח הקודש.[24] עצם המילה "סוכה" באה מן השורש סכ"ה, שפירושו "לראות", בפרט במובן נבואי.[25]

המונח "שיח" מציין אם כן עלייה וצמיחה רוחנית, ומקשר גם לעץ, שמייצג את הסולם הרוחני ואת המהות הרוחנית של האדם עצמו. כשהאדם עוסק במדיטציית שיח

הוא מטהר את תודעתו מכל מחשבה, ואז מכוון אותה כלפי מעלה, צף ומרקיע שחקים מבעד למציאות שמעבר לעולם.

הדבר מוכח עוד יותר כשאנחנו בוחנים מקרוב ובאופן מילולי פסוק כגון "בְּפִקֻּדֶיךָ אָשִׂיחָה וְאַבִּיטָה אֹרְחֹתֶיךָ" (תהילים קיט, טו). המילה "פִּקֻּדֶיךָ" באה מן השורש פק"ד, שמשמעותו גם "לזכור" וגם לשמור משהו כפיקדון. מילה זו מציינת דברים שמופקדים בתוך הלב, רעיונות שקיימים באופן טבעי בתוך המהות של האדם, אך יש לעיין בהם באמצעות התבוננות ומדיטציה קודם שיוכלו להתגלות.[26] כמו זיכרונות, אלו הם דברים שאדם שומר עבור ה' כפיקדונות יקרים, ובהקשר הזה המונח מתייחס לעיתים קרובות למצוות. אולם, במובן כללי יותר, המונח "פיקודים" מתייחס להיבטים בהווייתו הרוחנית של האדם, שדרכם יוכל להגיע למצב של הארה. כשאדם מתבונן במדיטציה על ה"פיקודים" הללו, הוא יכול ממש "לראות" את דרכיו של ה'.

לעיתים קרובות מאוד, בפרט בשורשים שיש להם שתי אותיות יסוד שהן השער שלהם, אפשר להפוך את סדר האותיות ולקבל משמעות דומה מאוד. במקרה של השורש שי"ח, שתי אותיות השער הן **ש"ח**. כאשר הופכים את הסדר מקבלים את השער **ח"ש**, שממנו נוצרות המילים "לחוש" ו"לחשוש". גם ה"חושים" שלנו מקורם בשער הזה. המילה "שיח" קרובה מאוד אם כן למילים שמשמעותן "להרגיש", "לחוש" ו"לחוות", והמילה עצמה מוכרחת להיות קשורה גם היא למושגים אלה. מילה נוספת הקשורה לכך היא המילה "חשב".

כנזכר לעיל, מנהגיהם של עובדי אלילים ושל העוסקים בענייני נסתר אפלים עשויים לעיתים קרובות לשפוך אור על דרכי הנבואה. על פי הרב שלמה פפנהיים, כמה מונחים שכאלה נוצרים מן השער **ח"ש**. בתוך אלה כלולים המונחים "נחש" ו"לחש", הקשורים לסוגים שונים של הגדת עתידות שבה אדם מנסה לחוש דברים שבאופן נורמלי מצויים מחוץ לטווח החושים הפיזיים.[27] מכאן שהמילה "חש" מבטאת ראייה על טבעית, שבאמצעותה אדם מביט אל המציאות הרוחנית.

הרב פפנהיים מציין גם שמאותו שער יוצאת המילה "חושן", שאותו נשא הכוהן הגדול על חזהו.[28] החושן שימש כלי מדיטטיבי – הכוהן הגדול היה מביט באותיות החקוקות על גבי שתים עשרה האבנים שבו, ומשיג מצב תודעה קרוב מאוד לנבואה.[29] במילים אחרות, באמצעות החושן היה הכוהן הגדול מסוגל להשיג מעבר לגבולות החושים שלו.

השער **ח"ש** קרוב מאוד גם לשורשים חש"ה והס"ה, שפירושם שתיקה ודממה. הרגישות של התודעה, שאותה מבטאות המילים "שיח" ו"חש", כרוכה בהשקטת החושים והתודעה ובהדממה של שטף המחשבות הרגיל.

כל זה שופך אור נוסף על המונח המסתורי "חשמל", המופיע בחזונו של יחזקאל. כנזכר לעיל, הגמרא אומרת שהמילה "חשמל" היא צירוף של שתי מילים, "חש" שמשמעה שתיקה ו"מל" שמשמעה דיבור, כלומר "דממה דוברת". המקובלים מדברים על מילה זאת גם כממשק שבין הארצי לבין מה שמעבר לו, והדבר מוכח גם מן ההקשר של חזון יחזקאל.[30] משמעות הדבר כאן היא מצב התודעה שדרכו אדם

עובר בשעה שהוא עולה ממדרגת דיבור, מילולי או מנטלי, למצב של דממה מנטלית ורגישות מזוקקת. רק אחרי שאדם חולף דרך המחסום הזה הוא יכול לצפות בחזון נבואי, כפי שאנו רואים אצל יחזקאל.

הדבר האחרון שעלינו לעיין בו כאן הוא ההבדל בין שתי המילים הקרובות "שיח" ו"לשוח". כאמור לעיל, המילה "לשוח" היא יחידאית, ומופיעה רק בפסוק "וַיֵּצֵא יִצְחָק לָשׂוּחַ בַּשָּׂדֶה". באופן כללי נראה שלמילה "לשוח" יש אותה צורה כמו למילים "שוּעַ" ו"שָׁוֶה", שמשמעות שתיהן "חלק" ו"שטוח". מדיטציית לשוח דומה מאוד אם כן למדיטציית שיח, אלא שהיא מצב תודעה שהוא "חלק" מאוד, מלא שלווה ורוגע. אם את "שיח" אפשר לתאר כטיפוס על עץ החיים, "לשוח" יכול להתפרש כמנוחה על גבי ענפיו הגבוהים ביותר.

נוכל להבין זאת כשנשים לב שהמונח משמש רק ביחס ליצחק, אחד משלושת האבות אשר הגיעו למדרגות רוחניות גבוהות מאוד. אף שאחרים יכולים לשאוף להביט במעשה מרכבה, המדרש אומר ש"האבות הן הן המרכבה".[31] הם אינם כמו השחיינים הנאבקים בגלים כדי לעלות במעלה הזרם, אלא כמי שצפים במנוחה על גבי מים שקטים במקור העליון.

ג

להגות בהוויה

שלוש מילים נוספות שמציינות מדיטציה בתנ"ך הן "היגיון", "הגיג" ו"הגות". כולן נגזרות מן השורש הג"ה.

שורש זה קרוב מאוד למחשבה, כמו בפסוק "לִבְּךָ יֶהְגֶּה אֵימָה" (ישעיהו לג, יח). דוגמה ברורה נוספת היא הפסוק "יִהְיוּ לְרָצוֹן אִמְרֵי פִי וְהֶגְיוֹן לִבִּי לְפָנֶיךָ ה' צוּרִי וְגֹאֲלִי" (תהילים יט, טו). רש"י (1040-1105, ד'ת"ת-ד'תתס"ה), המפרש החשוב ביותר של התנ"ך, אומר בפירוש ש"להגות" פירושו "להתבונן".[32] גם המדרש אומר ש"הלב הוגה".[33]

הדבר מעמיד אותנו בפני קושי מסוים, כיוון שבכמה מקומות אחרים השורש הג"ה מתייחס בבירור לדיבור. כך אנו מוצאים למשל בפסוק "פִּי צַדִּיק יֶהְגֶּה חָכְמָה וּלְשׁוֹנוֹ תְּדַבֵּר מִשְׁפָּט" (תהילים לז, ל) וכן "וּלְשׁוֹנִי תֶּהְגֶּה צִדְקֶךָ כָּל הַיּוֹם תְּהִלָּתֶךָ" (שם לה, כח). במובן זה, השורש הג"ה דומה מאוד לשורש שי"ח, כיוון שבשניהם המשמעות היא של דיבור ושל מחשבה. רש"ר הירש אומר שהשורש הג"ה מתייחס למחשבה

המצריכה ביטוי, ולכן לפעמים מתקיימת רק בתוך התודעה ולפעמים מובעת באופן מילולי.[34]

אולם, במקומות אחרים המילה "הגה" מציינת קולות חייתים, חזרתיים ובלתי רהוטים, כגון "אֶהְגֶּה כַּיּוֹנָה" (ישעיהו לח, יד) וכן "כַּאֲשֶׁר יֶהְגֶּה הָאַרְיֵה וְהַכְּפִיר עַל טַרְפּוֹ" (שם לא, ד). כמו כן היא עשויה לבטא קול בלתי מובחן, כמו בפסוק "לֹא יֶהְגּוּ בִּגְרוֹנָם" (תהילים קטו, ז), וכן צליל קצר או התנשפות, כמו בפסוק "כִּלִּינוּ שָׁנֵינוּ כְמוֹ הֶגֶה" (שם צ, ט).

על בסיס זה אומר הרד"ק שהשורש הג"ה מציין קול או מחשבה החוזרים שוב ושוב, כהמיית היונה או נהמת האריה. המילה "הגה" מופיעה כמה פעמים בקשר לתורה, כמו בפסוק "לֹא יָמוּשׁ סֵפֶר הַתּוֹרָה הַזֶּה מִפִּיךָ וְהָגִיתָ בּוֹ יוֹמָם וָלַיְלָה" (יהושע א, ח). בדומה, גם משורר תהילים אומר על האיש הישר ש"בְּתוֹרַת ה' חֶפְצוֹ וּבְתוֹרָתוֹ יֶהְגֶּה יוֹמָם וָלָיְלָה" (תהילים א, ב). על פי הרד"ק הפירוש כאן הוא שאדם חוזר שוב ושוב על דברי התורה, עד שהם הופכים לחלק מהווייתו.[35]

למקרא הדברים מתבקשת כאן מייד שיטה שדומה מאוד למדיטציה מבוססת מנטרה, שבה חוזרים פעמים רבות, בפה או במחשבה, על מילה או על ביטוי מסוים. אין זו השערה רחוקה, שכן בספרות ההיכלות, אחד מהטקסטים הקדומים ביותר של הקבלה, אנו מוצאים שהמתחיל להיכנס בשערי עולם הנסתר צריך לחזור על נוסח מסוים 112 פעמים.[36]

לפחות במקום אחד אנו מוצאים יחס בין שם ה' ובין מדיטציית הגה. הכתוב בתהילים אומר "בְּשִׁמְךָ אֶשָּׂא כַפָּי... בְּאַשְׁמֻרוֹת אֶהְגֶּה בָּךְ" (תהילים סג, ה–ז). הדבר עולה גם

מלשון חז"ל המגנה את מי ש"הוגה את השם באותיותיו".[37] ייתכן שהכוונה לחזרה על שם ה' המפורש באופן בלתי ראוי כמנטרה במדיטציה.

מקור נוסף שתומך באפשרות הזו נמצא בפסוקים "לְהַגִּיד בַּבֹּקֶר חַסְדֶּךָ וֶאֱמוּנָתְךָ בַּלֵּילוֹת. עֲלֵי עָשׂוֹר וַעֲלֵי נָבֶל עֲלֵי הִגָּיוֹן בְּכִנּוֹר" (תהילים צב, ג-ד). במחשבה ראשונה קשה לראות איזה סוג של מדיטציה יכול להיות קשור לנבל ולכינור. אבל אם נפרש ש"הִגָּיוֹן" הוא חזרה על ביטוי, כמו מנטרה, ייתכן שמדובר בחזרה שוב ושוב על מהלך תווים או מנגינה קצרה, על גבי כלי הנגינה. דבר זה עצמו עשוי לשמש כעין מנטרה כדי להגיע למצב תודעה מדיטטיבי. הדבר מתקבל על הדעת עוד יותר כשזוכרים שהמוזיקה מילאה תפקיד מפתח בהשגת מצב תודעה נבואי.

ראיה נוספת לכך מצויה בדברי הגמרא שהמילה "הִגָּיוֹן" בביטוי "הִגָּיוֹן בְּכִנּוֹר" רומזת ל"מתן שכרן של צדיקים לעתיד לבוא".[38] רש"י מפרש שבהקשר הזה המילה "הגה" מציינת שמחה, אך באופן מחודד יותר היא יכולה לציין את האקסטזה של החוויה המיסטית. חוויה רבת עוצמה זו קשורה בבירור ל"מתן שכרן של צדיקים לעתיד לבוא", שכפי שהגמרא מתארת אותו "צדיקים יושבין ועטרותיהם בראשיהם ונהנים מזיו השכינה".[39]

קודם שנקפוץ למסקנות שכאלה, כדאי שנערוך למילה "הגה" ניתוח לשוני ונעיין בה על פי הקשרה. נשים לב מייד שאותו שורש בדיוק, הג"ה, משמש לציין הסרה וזיכוך. דוגמה ברורה לכך היא הכתוב "הָגוֹ סִיגִים מִכָּסֶף... הָגוֹ רָשָׁע לִפְנֵי

מֶלֶךְ" (משלי כה, ד-ה). דוגמה נוספת היא "כַּאֲשֶׁר הֹגָה מִן הַמְסִלָּה" (שמואל ב' כ, יג).

המדקדק החשוב רבי שלמה פפנהיים אומר שהשורש הג"ה יוצא מתוך ה"שער" הבסיסי בן שתי האותיות **ה"ג**. לכן, שורש זה קרוב למילה נוספת שנובעת מאותו שער, "נהג", שהוא מי שמוביל וקובע את הכיוון.[40] הרב פפנהיים ממשיך ואומר שלמונח "הגה" יש משמעות של תנועות רבות המכוונות אל עבר יעד אחד. התנועות הללו עשויות להיות גופניות, אבל הן יכולות לכלול גם מחשבה, דיבור או צליל. ברמה עמוקה יותר, יש ל"הגה" משמעות של פעולת מדיטציה שמכוונת את המחשבות אל עבר עניין מסוים.

משמעות זאת, נוסף על המשמעות שהוזכרה לעיל, במובן של זיכוך, מביאות לידי מסקנה שהשורש הג"ה מציין ניקוי של התודעה כדי לכוון אותה אל עבר יעד אחד. בהקשר זה מעניינת במיוחד העובדה שאפלטון מדמה את השליטה הזו בתודעה לקברניט המנהיג את ספינתו:[41] הוא מתאר את התודעה האנושית כספינה שבה המלחים פתחו במרד, כלאו את רב החובל ואת הנווט בחדרם, וכעת כל אחד מהם מאמין שהוא לבדו חופשי לנהוג את הספינה כרצונו. תחילה מלח אחד משתלט על הגה הספינה, ואז מלח נוסף, עד שהספינה שטה במסלול אקראי ולא יציב. המלחים הללו אינם יכולים להסכים על יעד אחד, אך אפילו יכלו – אינם יודעים כיצד לנווט את הספינה כדי להגיע אליו. משימתו של האדם היא לדכא את המרד הזה ולשחרר את רב החובל ואת הנווט מכלאם. רק אז הוא חופשי לבחור יעד ולהנהיג אליו את הספינה.

נראה שהמילה התנ"כית "הגה" מבטאת רעיון דומה. אדם צריך לדחות ולסלק הצידה את כל מחשבותיו המרדניות, כדי לאפשר להגאֵי ספינת התודעה שלו לפנות לכיוון קבוע ויציב, אל עבר יעד מוגדר היטב. בהקשר הזה ראוי לציין שהמילה "הֶגֶה" נגזרת מאותן אותיות כמו המילה "הָגָה", המציינת מדיטציה. מדיטציית הָגָה נועדה אפוא להעניק לתודעה הֶגֶה וכלי ניווט, כדי שלא תשייט עוד בים המחשבות ללא כיוון מוגדר.

שער נוסף הקרוב מאוד ל"הגה" הוא **ח"ג**, המציין מעגליות או חזרתיות. מתוכו נגזרות המילים "חוג", שפירושו מעגל, "חג", שפירושו מועד שחוזר מדי תקופה, ואפילו מכשיר ה"מחוגה". על בסיס זה משמעות המילה "הגה" היא חזרה על דבר מה שוב ושוב, באופן תקופתי ומעגלי, כמו במדיטציית מנטרה. החזרתיות העקבית מאפשרת לתת לתודעה כיוון.

רבי שמשון רפאל הירש מציין גם שהמילה "הגה" קרובה למילים "היה" ו"חיה".[42] שתי מילים אלה מציינות מצב פשוט ובסיסי של קיום והוויה. קשורות אליהן גם המילים "הכא" (בארמית) ו"הנה", שפירוש שתיהן "כאן", והן מציינות מקום בסיסי של קיום. כמו כל המילים האלה, גם המילה "הגה" נגזרת כאות יסוד אחת באמצע, שמשני צדדיה אותיות ה"א.

אפשר שהמשמעות היא שהמונח "הגה" מתייחס לתהליך שמביא את התודעה אל מצב שבו היא מרוקנת מכל פעילות. התודעה מגיעה למדרגה שאין בה דבר מלבד הוויה טהורה, פשוטה ובסיסית.

ראויה לציון במיוחד העובדה שבסיס השורש הג"ה הוא האות גימ"ל. פפנהיים, בדבריו על השורש נמ"ג, אומר ששורש זה משמעו התמוססות וביטול האופי המוצק של דבר כלשהו. הוא אומר שגם המילה "נגן" באה משורש זה, כיוון שהנגינה ממיסה את הלב ומטביעה אותו ברגשות.[43] בהקשר שלנו, גם המילה "הגה" מתייחסת לשלילת האגו או ל"התמוססות" שלו. האדם מגיע אז למצב של הוויה טהורה, שבה הוא מכוון על ידי כוח עליון יותר.

מכל זה נראה שלמילה "הגה" יש משמעות ראשונית של "הוויה מכוונת". האדם משקיט את תודעתו עד שהיא מגיעה למצב של הוויה טהורה, ובה בעת היא מכוונת לקראת יעד אחד. השיטות שמשמשות למדיטציית הגה כוללות חזרה על צלילים, מילים, ביטויים או מנגינות, ולכן היא קשורה לצורות השונות של מדיטציות מנטרה.

כפי שאמרנו כמה פעמים, לעיתים תכופות אפשר למצוא דמיון בין הנהגות של עבודת אלילים וכישוף ובין דרכי המדיטציה של הנביאים, שאותן ניסו עובדי האלילים לחקות. כפי שנראה, מנהג שכיח של כישוף, המכונה "העלאה באוב", קרוב מאוד לדרכי המדיטציה האליליות. לכן ישנה משמעות רבה לביטויים כגון "וְכִי יֹאמְרוּ אֲלֵיכֶם דִּרְשׁוּ אֶל הָאֹבוֹת וְאֶל הַיִּדְּעֹנִים הַמְצַפְצְפִים וְהַמַּהְגִּים" (ישעיהו ח, יט). ייתכן מאוד שהמילה "מַהְגִּים" משמעה שירה חזרתית של מנטרה. מי שעסקו במנהגים אלה ניסו לחקות את מדיטציית ההגה של הנביאים, ובפסוק הזה ישעיהו מלגלג עליהם.

בנקודה זו נוכל להפיק תועלת מהשוואה בין שני

המונחים שדנו בהם עד כה, "שיח" ו"הגה". למרבה המזל, ישנם שני פסוקים שבהם מופיעים שני המונחים, ולכן אפשר להשוותם. חשובה במיוחד העובדה שבשני הפסוקים הללו היחס בין שני המונחים זהה לחלוטין.

הפסוק הראשון הוא "וְהָגִיתִי בְכָל פָּעֳלֶךָ וּבַעֲלִילוֹתֶיךָ אָשִׂיחָה" (תהילים עז, יג). השני הוא "זָכַרְתִּי יָמִים מִקֶּדֶם הָגִיתִי בְכָל פָּעֳלֶךָ בְּמַעֲשֵׂה יָדֶיךָ אֲשׂוֹחֵחַ" (שם קמג, ה).

ההקבלה הראשונה הניכרת לעין היא שבשני המקרים מדיטציית הגה מתייחסת ל"כָל פָּעֳלֶךָ", ואילו מדיטציית שיח מתמקדת בעניינים מסוימים. במחשבה ראשונה, היחס של מדיטציית הגה ל"כָל פָּעֳלֶךָ" עשוי להיראות קשה להבנה, בפרט משום שהגדרנו אותה כמדיטציית מנטרה.

אולם אם נתבונן בהנהגות מתקופות מאוחרות יותר, בפרט אלה מימי התלמוד שהוזכרו בספרות ההיכלות, יתברר לנו הטעם לכך. במקרים רבים, מדיטציית המנטרה המוזכרת בספרי ההיכלות נערכת באמצעות פיוטים ארוכים, המונים את כל מידותיו של הקדוש־ברוך־הוא בסדר אלפביתי. פיוט שכזה יכול להיראות כך: "מלך אביר, מלך ברוך, מלך גדול" וכן הלאה, דרך כל אותיות האל"ף־בי"ת.[44] כך, לפחות צורה ידועה אחת של מדיטציית הגה אכן כוללת את כל פועלו של ה'. מעניין לחקור את האפשרות שספרי ההיכלות שאבו את ההנהגה הזו מפסוקים אלו ממש.

מדיטציית שיח, לעומת זאת, מתמקדת בקבוצה מסוימת של רעיונות. כמבואר לעיל, "שיח" מתייחס לעלייה רוחנית, שבה אדם מעיין במציאות שמעבר לגשמי, ואין בכוחו אפילו

לשאוף לחקור כל מה שיש בה. תחת זאת הוא בוחר אזורים שבהם הוא חפץ להתבונן, ואז עולה אליהם. "בְּמַעֲשֵׂה יָדֶיךָ אֲשׂוֹחֵחַ" פירושו: אעלה באמצעות מדיטציה על מעשי ידיך.

עניין חשוב נוסף שאנו מוצאים בשני הפסוקים הוא שמדיטציית הגה מקדימה את מדיטציית שיח. לכן אפשר לפרש שמדיטציית הגה היא הכנה למדיטציית שיח. סדר הדברים הוא כך מכיוון שמטרת החזרה על המנטרה היא לשחרר את התודעה, כדי שתוכל לעלות ולתייר בעולמות שמעבר לגשמי. הדבר ניכר בבירור מן ההנהגות המתוארות בספרי ההיכלות, שבהן המתבונן מזמר תחילה טקסט דמוי מנטרה, ורק אז עולה להיכלות השמיימיים.[45] כאשר מודעים להנהגות המעשיות, שני פסוקים אלה מקבלים משמעות יוצאת דופן.

שער יסודי קרוב נוסף הוא השער **ג"ה**, שמשמעו "בהירות". ממנו נגזרות המילים "גִּיהַ" שפירושה אור או להבה, ו"גהה" שפירושו "האיר".

הנגזרת החשובה ביותר של שער זה היא המילה "נוגה". זו מילה משמעותית במיוחד כיוון שבדרך כלל היא מתייחסת להארה מתוך החושך, כמו הנוגה של עלות השחר או בין השמשות. יכול להיות שהמשמעות הראשונית של מונח זה היא ההארה הרוחנית שאדם חש בשעת מדיטציה, אור שחר שמפציע בתוך חשכת העולם הגשמי, וממנה נגזרה גם המשמעות הגשמית של שעת דמדומים. אכן, הזוהר מדבר על פנימיות התורה ככזו שמטרתה להפוך את החושך לאור.[46]

הופעתה של המילה "נוגה" בחזון יחזקאל הופכת אותה לחשובה באופן ייחודי: "וָאֵרֶא וְהִנֵּה רוּחַ סְעָרָה בָּאָה מִן הַצָּפוֹן

עָנָן גָּדוֹל וְאֵשׁ מִתְלַקַּחַת וְנֹגַהּ לוֹ סָבִיב וּמִתּוֹכָהּ כְּעֵין הַחַשְׁמַל מִתּוֹךְ הָאֵשׁ" (יחזקאל א, ד). כפי שלמדנו, ה"רוּחַ סְעָרָה... עָנָן גָּדוֹל וְאֵשׁ מִתְלַקַּחַת" מציינים מצבים שונים של בלבול רוחני שקודמים לעלייה המדיטטיבית. לאחר מכן מופיע ה"נֹגַהּ" – השחר המדיטטיבי – ושם מתחיל הנביא לחוש את האור שמעבר למציאות הגשמית.

הקשר בין מדיטציית הגה ובין מושגי האור והאש מוזכר בפירוש בתנ"ך. משורר תהילים אומר "חַם לִבִּי בְּקִרְבִּי בַּהֲגִיגִי תִבְעַר אֵשׁ דִּבַּרְתִּי בִּלְשׁוֹנִי" (תהילים לט, ד). ברור מכאן שהאש הבוערת היא תוצאה של "בַּהֲגִיגִי", מדיטציית הגה, וכאמור הדבר מוכח גם מחזון יחזקאל.

דבר חשוב נוסף שאנו רואים בחזון יחזקאל הוא הסדר. תחילה הנביא פוגש "נוגה", אור מדיטטיבי, שנובע ממדיטציית הגה שמעלה את התודעה על מסלול של הוויה מוכוונת. רק לאחר מכן הוא פוגש את ה"חשמל", הדממה המדברת, שהיא השער אל עולמות שמעבר לגשמי. כמבואר בחלק הקודם, החשמל קשור למדיטציית שיח. זהו מקרה נוסף שבו ה"הגה" מקדים את ה"שיח".

מילה נוספת הקרובה מאוד לשורש הג"ה היא "גהר". המילה מופיעה בתנ"ך רק בקשר לאליהו הנביא ולתלמידו אלישע.

המקום הראשון שבו המילה הזו מצויה הוא ביחס לאליהו: "וְאֵלִיָּהוּ עָלָה אֶל רֹאשׁ הַכַּרְמֶל וַיִּגְהַר אַרְצָה וַיָּשֶׂם פָּנָיו בֵּין בִּרְכָּיו" (מלכים א' יח, מב). הערנו כבר שהנחת הראש בין הברכיים הייתה התנוחה המקובלת לנבואה, ושימשה לכמה

סוגים של מדיטציה מימי חז"ל ועד למאה ה־16, בתחילת תקופת האחרונים. העובדה שהמונח "גהר" מובא בסמיכות לתנוחה הזו מרמזת על האפשרות שהוא קשור בדרך כלשהי עם הנהגות המדיטציה של הנביאים. על פי הרלב"ג, המונח "גהר" מתייחס למעשה לתנוחה הנבואית עצמה.

מקום נוסף שבו מונח זה מופיע הוא הסיפור על ההחייאה הניסית של בן השונמית על ידי אלישע. הכתוב אומר שם: "וַיַּעַל וַיִּשְׁכַּב עַל הַיֶּלֶד וַיָּשֶׂם פִּיו עַל פִּיו וְעֵינָיו עַל עֵינָיו וְכַפָּיו עַל כַּפָּיו וַיִּגְהַר עָלָיו וַיָּחָם בְּשַׂר הַיָּלֶד" (מלכים ב' ד, לד). גם כאן ייתכן שהכוונה לתפילה מדיטטיבית רבת עוצמה, בדומה מאוד לרבי חנינא בן דוסא, שגם הוא נקט בתנוחה הנבואית בשעה שהתפלל על החולה.[47] זו לא הייתה תפילה פשוטה אלא תפילה מדיטטיבית עוצמתית, שנועדה למזוג אנרגיה רוחנית אל הילד ולהחיותו.

נראה שהתרגום תומך בפירוש זה, שכן הוא מתרגם "וַיִּגְהַר" – "ואלהי".[48] מילה זו באה מן השורש לה"ה, שמצוי בפסוקים כגון "וַתֵּלַהּ אֶרֶץ מִצְרַיִם" (בראשית מז, יג). על פי המפרשים העיקריים, למילה זו יש משמעות של ביטול החושים, התרוקנות מכוח ומעבר מהוויה לאי־הוויה.[49] בכך היא קשורה למילת השלילה "לא".

יוצא שעל פי התרגום המילה "גהר" מציינת את ביטול האני ואיון הקלט החושי, כפי שמתרחש במצבי תודעה מדיטטיביים גבוהים. באמצעות הכוח הרוחני שאדם יכול להעביר במצב שכזה, היה אליהו מסוגל להוריד גשם בשעה שהיה על הר הכרמל, ולאלישע התאפשר להחיות את הילד. שיטה זו נידונה במידה מסוימת אצל גדולי החסידות.[50]

ד

רגשות נפיצים

מילה חשובה נוספת שמבטאת סוג של מדיטציה, או מצב תודעה מדיטטיבי, היא השורש רנ"ן והמילה "רינה" הנגזרת ממנו. במבט ראשון נדמה שאין שום סיבה לחקור את המילה הזו, שהרי "רינה" פירושה בדרך כלל "שמחה", "שירה" או "זעקה". אולם ישנו רמז חשוב אחד, והוא העובדה שהתרגום לארמית מתרגם בעקביות את "הגה" בתור "רנן". כך, לפחות בארמית, לשורש רנ"ן יש משמעות של מדיטציה. כיוון שעברית וארמית הן לשונות קרובות מאוד, הדבר מרמז שעלינו לכל הפחות לבדוק את השורש הזה בעברית.

ניתוח מצוין של המילה הזו מובא הן אצל פפנהיים והן אצל רש"ר הירש.[51] שניהם מציינים שהשורש מבטא תחושה רגשית חזקה, צהלה ואקסטזה, שעשויות להתבטא באופן מילולי. לפחות בכמה מקרים ברור ש"רינה" מציינת ביטוי מילולי, כמו בפסוק "הֵמָּה יִשְׂאוּ קוֹלָם יָרֹנּוּ" (ישעיהו כד, יד).

אולם ביטוי שכזה מלווה בדרך כלל בהתפרצות או

התפוצצות של רגשות. זהו הטעם לכך שהמילה "פצח" מופיעה רק בקשר עם הפעולה "רינה", כמו בפסוק "פִּצְחִי רִנָּה" (ישעיהו נד, א).[52] המילה "פצח", שמשמעה התפרצות, קרובה למילה "פצה" שפירושה "פתח" וגם למילה "פצץ", התפוצצות. המונח "רינה" מדבר אם כן על רגשות שעשויים להתפוצץ בצורת ביטוי מילולי או שירה.

אלו עשויים להיות רגשות של עצב, כמו בפסוק "קוּמִי רֹנִּי בַלַּיְלָה" (איכה ב, יט), שמדבר על קינה על חורבן ירושלים. המונח יכול לציין גם רגש של הוד המובע בתפילה, שלעיתים קרובות מעיבה עליו תחושת מצוקה או סכנה, כמו בפסוק "הַקְשִׁיבָה רִנָּתִי" (תהילים יז, א). במקומות אחרים הוא יכול לציין הבעת תחושות עזות של שמחה, כמו בפסוק "רָנִּי בַּת צִיּוֹן הָרִיעוּ יִשְׂרָאֵל שִׂמְחִי וְעָלְזִי בְּכָל לֵב" (צפניה ג, יד).

השורש רנ"ן קשור לפעמים לראיית אלוקות, כמו בפסוק "וַתֵּצֵא אֵשׁ מִלִּפְנֵי ה'... וַיַּרְא כָּל הָעָם וַיָּרֹנּוּ וַיִּפְּלוּ עַל פְּנֵיהֶם" (ויקרא ט, כד). דוגמה עוד יותר ברורה היא הפסוק "רַנְּנוּ צַדִּיקִים בַּה'" (תהילים לג, א). המדרש אומר: "רננו צדיקים אל ה' אין כתיב כאן, אלא בה' – בזמן שרואין אותו מיד מרננים".[53]

מכל זה נראה שהמילה "רנן" מתייחסת אל הדרך הרגשית, טכניקה מדיטטיבית שבה אדם מקשר עצמו אל האלוקי עם כל רגשותיו. אדם משיג את המצב המדיטטיבי בכך שהוא מתבונן בגדולת ה', והרגשות מתגברים בתוכו לכדי אקסטזה והתפוצצות, עד שהנשמה חופשית מכל כבליה לדבוק בה'. דרך זו תוארה על ידי הרמב"ם: "בשעה שיתבונן האדם

במעשיו וברואיו הנפלאים הגדולים ויראה מהן חכמתו שאין לה ערך ולא קץ מיד הוא אוהב ומשבח ומפאר".[54] משמעות זו מבוטאת באופן הצלול ביותר בפסוק "נִכְסְפָה וְגַם כָּלְתָה נַפְשִׁי לְחַצְרוֹת ה׳, לִבִּי וּבְשָׂרִי יְרַנְּנוּ אֶל אֵל חָי" (תהילים פד, ג).

פירוש זה למילה "רינה" מבוטא בבהירות על ידי אחד מגדולי החסידות, רבי שניאור זלמן מליאדי (1745–1812, ה׳תק"ה–ה׳תקע"ג), מייסד חסידות חב"ד. הוא כותב: "וענין רנה זו היא גילוי עוצם תשוקתם להיות נכספה וגם כלתה נפשם לדבקה בו יתברך ולהתכלל באור אין סוף ברוך הוא".[55]

אנו רואים גם שהפועל "רנן" מתייחס למצב תודעה של התעוררות ובהירות. הכתוב בתהילים אומר "וַיִּקַץ כְּיָשֵׁן אֲדֹנָי כְּגִבּוֹר מִתְרוֹנֵן מִיָּיִן" (תהילים עח, סה). הדרך הרגשית המבוטאת במילה "רנן" מטרתה אם כן לעורר את התודעה ולהרחיבה. אדם במצבו הטבעי כמוהו כמי שחושיו נאטמו בגלל משקה חריף. באמצעות התהליך של מדיטציית רנן, החושים מתבהרים והוא מתעורר במובן הרוחני.

קיימת הקבלה אחת, חשובה מאוד, בין מדיטציית רנן ובין מדיטציית שיח. בפסוק אחד נאמר "כִּי שִׂמַּחְתַּנִי ה׳ בְּפָעֳלֶךָ בְּמַעֲשֵׂי יָדֶיךָ אֲרַנֵּן" (תהילים צב, ה), ופסוק נוסף, שהוזכר לעיל, אומר "בְּמַעֲשֵׂה יָדֶיךָ אֲשׂוֹחֵחַ" (תהילים קמג, ה). הוכחנו שמדיטציית שיח כרוכה בעלייה בפועל אל העולמות הרוחניים, שהם "מעשה ידיו" של ה׳, ולכן נראה שהדבר נכון אף ביחס למדיטציית רנן. גם הדרך הרגשית מאפשרת לאדם לעלות אל העליונים ולהשיג אלוקות.

במקום אחד אנו מוצאים יחס ברור בין מדיטציית רנן ובין מדיטציית הגה. משורר תהילים מכריז:

> כֵּן אֲבָרֶכְךָ בְחַיָּי בְּשִׁמְךָ אֶשָּׂא כַפָּי.
> כְּמוֹ חֵלֶב וָדֶשֶׁן תִּשְׂבַּע נַפְשִׁי וְשִׂפְתֵי **רְנָנוֹת** יְהַלֶּל פִּי.
> אִם זְכַרְתִּיךָ עַל יְצוּעָי בְּאַשְׁמֻרוֹת **אֶהְגֶּה** בָּךְ.
> כִּי הָיִיתָ עֶזְרָתָה לִּי וּבְצֵל כְּנָפֶיךָ **אֲרַנֵּן**.
> דָּבְקָה נַפְשִׁי אַחֲרֶיךָ בִּי תָּמְכָה יְמִינֶךָ.

תהילים סג, ה-ט

אנו רואים כאן שמדיטציית רנן יכולה להקדים את מדיטציית הגה וגם לבוא בעקבותיה. אדם מתחיל בכך שהוא מעורר את רגשותיו באמצעות שירי הלל, וזהו התהליך הראשון של מדיטציית רנן. כשהוא מגיע להתעוררות רגשית שכזו, הוא יכול להתחיל מדיטציית הגה, שתוארה לעיל.

לאחר מכן הוא יכול להיכנס שוב אל מדיטציית רנן, אבל במדרגה הרבה יותר גבוהה. במצב זה הוא מעלה את עצמו דרך הרגשות, מטפס אל המציאות הרוחנית. בהקשר השני הזה של "רנן" הכתוב בתהילים אומר "בְּצֵל כְּנָפֶיךָ אֲרַנֵּן". באמצעות מדיטציית רנן, הדרך הרגשית, עולה האדם אל הגבהים הרוחניים המתוארים כ"צֵל כְּנָפֶיךָ".

התוצאה הסופית היא דבקות בה', המתוארת על ידי משורר תהילים כשהוא אומר "דָּבְקָה נַפְשִׁי אַחֲרֶיךָ". זו ההתייחסות היחידה לדבקות בכל ספר תהילים. דבקות שכזו היא היבט חשוב של הארה, שבה אדם מקשר עצמו אל האלוקי,

והיא נידונה באריכות בכתבי הקבלה והחסידות. היא כרוכה ביצירת קשר רוחני חזק בין האדם לה', שעל ידו האדם נעשה ראוי להארה.

ישנו מקרה נוסף ודומה שבו אנו מוצאים את האקסטזה הרגשית שמבוטאת על ידי "רנן" כשהיא משמשת הקדמה למדיטציית הגה. נאמר בתהילים:

גַּם אֲנִי אוֹדְךָ בִכְלִי נֶבֶל אֲמִתְּךָ אֱלֹהָי אֲזַמְּרָה לְךָ בְכִנּוֹר קְדוֹשׁ יִשְׂרָאֵל.
תְּרַנֵּנָּה שְׂפָתַי כִּי אֲזַמְּרָה לָּךְ וְנַפְשִׁי אֲשֶׁר פָּדִיתָ.
גַּם לְשׁוֹנִי כָּל הַיּוֹם **תֶּהְגֶּה** צִדְקָתֶךָ כִּי בֹשׁוּ כִי חָפְרוּ מְבַקְשֵׁי רָעָתִי.

תהילים עא, כב-כד

כאן אנו פוגשים שוב את מדיטציית רנן מקדימה את מדיטציית הגה. הדרך הרגשית קשורה מאוד לנגינה, וכוללת כאן נבל וכינור, ממש כמו אצל הנביאים. אנו רואים שמדיטציית רנן מתחילה בשפתיים, אבל אז מתפשטת לכלל התרגשות של הנשמה כולה.

מלבד זאת, אחד הדברים החשובים שאפשר ללמוד ממזמור תהילים זה הוא העובדה שמדיטציית רנן היא אמצעי רב עוצמה לשחרור כוחות רוחניים נגד אויביו של האדם. אותם רגשות עצמם שאדם מעורר לקראת הרוחני יכולים לשמש לו גם כאמצעי הגנה נגד מי שמפעילים נגדו רגשות שליליים.

דוגמה ברורה לכך מצויה בפסוק "נְרַנְּנָה בִּישׁוּעָתֶךָ וּבְשֵׁם אֱלֹהֵינוּ נִדְגֹּל" (תהילים כ, ו). יש כאן בבירור שימוש במדיטציית רנן ככלי הגנה, אולי בצירוף עם שם ה׳, כפי שמשורר תהילים מסיים "אֵלֶּה בָרֶכֶב וְאֵלֶּה בַסּוּסִים וַאֲנַחְנוּ בְּשֵׁם ה׳ אֱלֹהֵינוּ נַזְכִּיר. הֵמָּה כָּרְעוּ וְנָפָלוּ וַאֲנַחְנוּ קַּמְנוּ וַנִּתְעוֹדָד" (תהילים כ, ח-ט).

רעיון דומה מובע גם במזמור התהילים "יַעְלְזוּ חֲסִידִים בְּכָבוֹד **יְרַנְּנוּ** עַל מִשְׁכְּבוֹתָם. רוֹמְמוֹת אֵל בִּגְרוֹנָם וְחֶרֶב פִּיפִיּוֹת בְּיָדָם" (קמט, ה-ו). גם כאן האקסטזה של מדיטציית רנן משמשת הן כהגנה והן ככלי נשק.[56] אף על פי שמדיטציית רנן, או "רינה", מכוונת ליצור קשר רגשי עם ה׳, פועל יוצא ממנה הוא שתפילותיו של האדם על צרכיו נענות. הדבר נכון בפרט בשעה שהרינה מקדימה תפילה שכזו, כמו ששלמה המלך אומר "לִשְׁמֹעַ אֶל הָרִנָּה וְאֶל הַתְּפִלָּה" (מלכים א׳ ח, כח). המדרש אומר ש"רנה זו קילוסו של הקדוש ברוך הוא, ותפלה – לצרכיו של אדם".[57] מאותו פסוק ממש המדרש מסיק את הכלל שהרינה צריכה לבוא קודם בקשת הצרכים. גם בימינו הדבר בא לידי ביטוי בנוסח התפילה, שבו אנו אומרים תחילה פסוקי דזמרה ורק לאחר מכן את תפילת העמידה. מן ההקשר של הפסוק ברור שהרינה גורמת שהתפילה תישמע יותר על ידי ה׳. טעם אחד לכך הוא שהרינה בוקעת דרך המחסומים הרוחניים החוצצים בין האדם ובין המציאות הרוחנית, כפי שביארו המקובלים.[58]

ה

שעשוע מסמא

מונח נוסף שהתנ"ך משתמש בו כסוג של מדיטציה גם הוא לא נתפס ככזה ממבט ראשון. זוהי המילה "שעשוע". לא היה לנו שום רמז שמילה זו קשורה למדיטציה אלמלא ההופעה התדירה שלה בסמיכות למילים אחרות שמציינות מדיטציה, בפרט "שיח". "שעשוע" מתפרש בדרך כלל כ"עונג" או כ"משחק", אבל אפשר לזהותו כסוג של מדיטציה הן על בסיס ההקשר והן על פי ניתוח לשוני.

על פי רוב המפרשים, המילה "שעשע", מילה לא שגרתית בת ארבע אותיות, נגזרת מן השורש שע"ע או מן השורש שו"ע, שפירושם "להיות עיוור".[59] שורש זה מופיע בפסוקים כגון "הַשְׁמֵן לֵב הָעָם הַזֶּה וְאָזְנָיו הַכְבֵּד וְעֵינָיו הָשַׁע" (ישעיהו ו, י). אחת המשמעויות של המילה "שעשע" היא לעצום עיניים ולשכוח מכל הדאגות החיצוניות, כמו בפסוק "צַר וּמָצוֹק מְצָאוּנִי מִצְוֹתֶיךָ שַׁעֲשֻׁעָי" (תהילים קיט, קמג).

מילה נוספת שקרובה מאוד לעניין זה היא המילה

"שעה", שפירושה "לפנות" או "להקדיש תשומת לב", כמו בפסוק "וְאֶל קַיִן וְאֶל מִנְחָתוֹ לֹא שָׁעָה" (בראשית ד, ה). שורש קרוב נוסף הוא יש"ע, כיוון שהאדם שבצרה מפנה את כל תשומת הלב שלו (שׁוֹעֶה) אל מי שעומד להושיעו. מן השורש הזה נגזרת גם המילה "ישועה". חשוב לציין ששתי המילים מופיעות בפסוק אחד: "תָּאַבְתִּי לִישׁוּעָתְךָ ה', וְתוֹרָתְךָ שַׁעֲשֻׁעָי" (תהילים קיט, קעד).

המילה "שעשע" מציינת אם כן תשומת לב מלאה, שבה אדם מסיר מליבו כל השפעה חיצונית. הפסוק היחיד שמביא מפרשים רבים לפרש "שעשע" מלשון "משחק" או "עונג" הוא "וְשִׁעֲשַׁע יוֹנֵק עַל חֻר פָּתֶן" (ישעיהו יא, ח). אולם משמעות הפסוק היא למעשה שהיונק יהיה מרותק ונלהב מחור הפתן. הילד ישב על חור הפתן בתשומת לב מרבית, מתעלם מכל סכנה, ובכל זאת לא יינזק בשום דרך. המילה משמשת כאן באופן מושאל, מחוץ להקשר המדיטטיבי המקורי שלה.

שורש נוסף שהעניין קשור אליו מאוד הוא שו"ע, שפירושו "חלק". לפי דברי הרד"ק, מתבקש שהמילה "שעוה" נגזרת מן השורש הזה.[60] מילה זו קשורה גם למילה "שוה", במובן "חלק" ו"מאוזן". כאמור לעיל ביחס ל"שוח", כשהמונח הזה מציין מצב של התודעה, הוא מתאר מידה גבוהה מאוד של שלווה ורוגע. גם רש"ר הירש אומר זאת בפירושו לפסוק "בְּרֹב שַׂרְעַפַּי בְּקִרְבִּי תַּנְחוּמֶיךָ יְשַׁעַשְׁעוּ נַפְשִׁי" (תהילים צד, יט). אחד מן היעדים של מדיטציית שעשוע הוא להשיג מידה של שלווה, שאינה נטרדת בגלל השפעות חיצוניות. ככזו היא ההפך הגמור של מדיטציית רנן, שבה אדם משליך אל הקרב את כל רגשותיו.

מדיטציית שעשוע, לעומת זאת, משמשת כדי להתנתק לגמרי מכל הצרות החיצוניות ולהקים מחסום של הגנה רוחנית. הדבר ניכר מתוך כמה מן הפסוקים שצוטטו לעיל, וכן מהפסוק "לוּלֵי תוֹרָתְךָ שַׁעֲשֻׁעָי אָז אָבַדְתִּי בְעָנְיִי" (תהילים קיט, צב).

דבר אחד הבולט מייד לעין הוא שמטרת מדיטציית השעשוע מבוטאת תמיד במונחים של תורת ה' או מצוותיו. לעומת מדיטציות מסוגים אחרים, שעשויות להתמקד בעניינים נוספים, השעשוע קשור תמיד לדבר ה' ששמענו ממרום. הדבר יובן בנקל לאור הכלל המובא הרבה במקורות הקבליים, שהתורה ומצוותיה כוללות את הסודות הגבוהים והנסתרים ביותר, הנובעים מעצם רצונו וחוכמתו של הבורא.[61] המילה "שעשוע" מבטאת אם כן מדיטציה והתבוננות מרותקת ומלאת שלווה במושגים הנשגבים הללו.

דבר נוסף שאנו מוצאים הוא ש"שעשוע" קשור מאוד לאהבת ה'. הביטוי הברור ביותר לכך הוא הפסוק "יְבֹאוּנִי רַחֲמֶיךָ וְאֶחְיֶה כִּי תוֹרָתְךָ שַׁעֲשֻׁעָי" (תהילים קיט, עז). דוגמה נוספת היא "וְאֶשְׁתַּעֲשַׁע בְּמִצְוֹתֶיךָ אֲשֶׁר אָהָבְתִּי" (תהילים קיט, מז). המונח "שעשוע" קשור מאוד אם כן לאהבה המוחלטת אל ה' ואל מצוותיו, והשעשוע הוא תוצאתה של התשוקה העזה הזו.

הצורה הפשוטה של מילה זו, "שעה", משמשת לעיתים קרובות ביחס למראה כבוד ה'. אנו מוצאים זאת במובן שלילי בפסוק "וְלֹא שָׁעוּ עַל קְדוֹשׁ יִשְׂרָאֵל וְאֶת ה' לֹא דָרָשׁוּ" (ישעיהו לא, א). מכאן ניכר מייד שהמילה "שעה" כרוכה בבקשת ה' הנושאת אופי מיסטי כלשהו. הדבר מוכח עוד יותר מן

הפסוק "בַּיּוֹם הַהוּא יִשְׁעֶה הָאָדָם עַל עֹשֵׂהוּ וְעֵינָיו אֶל קְדוֹשׁ יִשְׂרָאֵל תִּרְאֶינָה" (שם יז, ז). מפסוקים שכאלה ברור ש"שעה" ו"שעשוע" כרוכים בראייה ישירה של האלוקות.

בשני מקומות דרכיהם של "שעשוע" ושל "שיח" מצטלבות. הראשון הוא "בְּפִקֻּדֶיךָ **אָשִׂיחָה** וְאַבִּיטָה אֹרְחֹתֶיךָ. בְּחֻקֹּתֶיךָ **אֶשְׁתַּעֲשָׁע** לֹא אֶשְׁכַּח דְּבָרֶךָ... גַּל עֵינַי וְאַבִּיטָה נִפְלָאוֹת מִתּוֹרָתֶךָ" (תהילים קיט, טו-יח). כאן אנו רואים בבירור שמטרת מדיטציית השיח היא להביא את האדם להביט בנפלאות התורה ומצוותיה.

המפגש השני הוא הכתוב "גַּם יָשְׁבוּ שָׂרִים בִּי נִדְבָּרוּ עַבְדְּךָ **יָשִׂיחַ** בְּחֻקֶּיךָ. גַּם עֵדֹתֶיךָ **שַׁעֲשֻׁעָי** אַנְשֵׁי עֲצָתִי" (שם, כג-כד). גם כאן שתי המילים נפגשות, ושוב, השיח מקדים את השעשוע. אפשר לשים לב גם שבמדיטציית שיח ה"עדות", שמתייחסות אל מצוות שיש בהן לקח מיוחד, עוברות תהליך האנשה ונעשות "אַנְשֵׁי עֲצָתִי". כשאדם נמצא במדרגה זו הוא אינו רואה את המצוות כחוקים מופשטים, אלא ככוחות אישיים המסוגלים ללמד אותו ולייעץ לו.

דבר חשוב שרואים בשני הקטעים הוא שמדיטציית שעשוע מגיעה אחרי מדיטציית שיח, ולפיכך מסתבר מאוד שהיא כוללת מצב מתקדם יותר, שמוביל למדרגות גבוהות יותר. כשאדם נמצא במדרגה של "שיח", הוא צף ומתעלה. מדרגת ה"שעשוע", לעומת זאת, שייכת אצל מי שהשיג את היעד וכעת הוא נלהב ומרותק לגמרי אליו. זוהי השלווה המוחלטת שאדם חווה כשהוא מגיע למדרגות הרוחניות הגבוהות ביותר, ויש בכוחו אז להתבונן במדרגה עצמה.

המדקדקים מעירים בכמה מקומות שמילים שצורתן כפולה, כגון "שעשוע", מציינות רעיון של דבר מה החוזר על עצמו במהירות. דוגמאות נוספות הן המילים "צפצף", "צלצל", ו"עפעף". המילה האחרונה באה מן השורש עו"ף, שמציין תעופה.[62]

המילה "שעשוע" מציינת לפי זה טלטלה קבועה של המיקוד, מהלך מתמשך של הפניית תשומת הלב והסטתה.

"שעשוע" מייצג את המדרגות הגבוהות ביותר של מדיטציה, וחשוב לציין שהמקובלים מדברים על רעיון דומה במדרגות הגבוהות ביותר של טכניקה זאת. יחזקאל אומר בחזונו "וְהַחַיּוֹת רָצוֹא וָשׁוֹב כְּמַרְאֵה הַבָּזָק" (יחזקאל א, יד). המקובלים מציינים שהדבר אינו אמור כלפי החיות עצמן, אלא כלפי הראייה של יחזקאל. הוא שהה במדרגה כה גבוהה, שלא היה באפשרותו לנעוץ מבט קבוע והוא הוכרח להיות "רָצוֹא וָשׁוֹב": הוא היה מביט בחיות, רואה אותן "כְּמַרְאֵה הַבָּזָק", ואז היה שב מייד כדי שלא ייבלע על ידי החיזיון הזה.

הביטוי הטוב ביותר לכך מצוי בספר יצירה, אחד מספרי הקבלה העתיקים והמסתוריים ביותר. כך נאמר שם:

עֶשֶׂר סְפִירוֹת בְּלִי מָה
צְפִיָּתָן כְּמַרְאֵה הַבָּזָק
וְתַכְלִיתָן אֵין לָהֶן קֵץ
וּדְבָרוֹ בָּהֶן בְּרָצוֹא וָשׁוֹב.

ספר יצירה א, ו[63]

המפרשים מבארים שבשעה שאדם מתבונן בספירות הוא יכול לעשות כן רק להרף עין, ולראות אותן "כְּמַרְאֵה הַבָּזָק". מי שמגיע למדרגה זו אל לו להישאר בה יותר מרגע חטוף. הוא מוכרח לרוץ קדימה ואז לשוב מייד, להשליך את ההצצה החשופה שהייתה לו במדרגות האין־סוף. מקובל מאוחר יותר, המנהיג החסידי רבי נחמן מברסלב (1772-1810, ה'תקל"ב-ה'תקע"א), מדבר על כך ביחס לאין־סוף ברוך הוא. הוא אומר שזהו אור כה גבוה עד שאדם יכול להשיגו רק באופן של "מטי ולא מטי", "נוגע ולא נוגע", לרפרף הלוך ושוב כדי לא לגווע בתוך האור החזק.[64]

נראה שזו גם המשמעות של "שעשוע". זוהי תשומת לב מרותקת, שבה אדם מתעלם מכל ההשפעות החיצוניות ומביט במדרגות הרוחניות הגבוהות ביותר. אך ה"שעשוע" כולל גם את מושג הרצוא ושוב – להציץ ואז להסב את המבט – כיוון שאדם בן תמותה איננו יכול להתמקד באופן קבוע במדרגות הללו בלי שהדבר יעלה לו בחייו.

ו

התבוננות

המילה האחרונה שנחקור לעומק היא גם המילה המתבקשת ביותר: המילה "התבוננות". מילה זו משמשת בהרחבה בספרות המיסטית המאוחרת, אבל מקורה כבר בתנ"ך, ומובנה שם דומה.

המילה "התבוננות" נגזרת מן השורש בי"ן, שממנו יוצאת גם המילה "בינה". המובן המילולי של "להתבונן" הוא "לגרום לעצמי להבין". כלומר, להתבונן בדבר באופן כה עמוק ושלם עד שהאדם גורם לעצמו להבינו על כל היבטיו.

המשמעות של התבוננות היא הבטה ונעיצת עיניים בדבר, בראייה גשמית או בראייה שכלית, עד שהוא נעשה ברור ומובן לגמרי. אנו פוגשים את המונח במובן של ראיית עיניים, כמו בדברי איוב "בְּרִית כָּרַתִּי לְעֵינָי וּמָה אֶתְבּוֹנֵן עַל בְּתוּלָה" (איוב לא, א), וגם במובן של חשיבה על דברים שנאמרו, כמו "וְעָדֵיכֶם אֶתְבּוֹנָן" (שם לב, יב), כלומר התבוננתי בדבריכם.

מילה זו משמשת גם ביחס לה׳, ובמובן זה היא לעיתים קרובות הכנה למצב תודעה מיסטי. כך אנו מוצאים פסוקים כמו ״עֲמֹד וְהִתְבּוֹנֵן נִפְלְאוֹת אֵל״ (איוב לז, יד), וכן ״וְיִתְבּוֹנְנוּ חַסְדֵי ה׳״ (תהילים קז, מג).

החשובים ביותר מנקודת מבטנו הם הפסוקים הבאים:

לִי קִוּוּ רְשָׁעִים לְאַבְּדֵנִי עֵדֹתֶיךָ אֶתְבּוֹנָן.
לְכָל תִּכְלָה רָאִיתִי קֵץ רְחָבָה מִצְוָתְךָ מְאֹד.

תהילים קיט, צה-צו

משורר תהילים אומר כאן שמתוך ההתבוננות בעדות־מצוות הוא מסוגל להשיג את רוחבן ואת משמעותן הייחודית.

בכללות, המילה ״בינה״ קשורה מאוד למילה ״בֵּין״. **בינה** היא אם כן פעולה של הבחנה **בין** דברים בשכל, ובחינה שלהם כל אחד בפני עצמו. הפועל החוזר, ״התבונן״, משמעה אם כן אדם הגורם לעצמו להבחין בין דברים בשכלו. הוא מסתכל עליהם כאילו הם נפרדים מכל שאר הדברים בעולם וגורם להם למלא את מחשבתו כולה.

״בינה״ קשורה גם לשורש בנ״ה, שהוא גם שורש המילים ״אבן״ ו״לבֵנה״. באמצעות הבינה יכול האדם לבנות את המושג במחשבתו ולהשתמש בכלי ההיגיון כדי להסיק דבר מתוך דבר, עד שהוא יוצר בניין מושגי שלם. לכן הגמרא אומרת ש״נבון – זה המבין דבר מתוך דבר״.[65] כשאדם מתבונן, הוא בונה על גבי מושא ההתבוננות שלו, ומשתמש בו כקרש קפיצה למצבי תודעה גבוהים יותר.

מקורות

רמב"ם

והיאך היא הדרך לאהבתו ויראתו? בשעה שיתבונן האדם במעשיו וברואיו הנפלאים הגדולים, ויראה מהן חכמתו שאין לה ערך ולא קץ – מיד הוא אוהב ומשבח ומפאר ומתאוה תאוה גדולה לידע השם הגדול, כמו שאמר דוד "צמאה נפשי לאלהים לאל חי" (תהילים מב, ג).

וכשמחשב בדברים האלו עצמן – מיד הוא נרתע לאחוריו, ויפחד, ויודע שהוא בריה קטנה שפלה אפלה עומדת בדעת קלה מעוטה לפני תמים דעות, כמו שאמר דוד "כי אראה שמיך מעשה אצבעותיך... מה אנוש כי תזכרנו" (תהילים ח, ד-ה).

משנה תורה, הלכות יסודי התורה ב, ב

וכיצד היא האהבה הראויה? הוא שיאהב את ה' אהבה גדולה יתירה עזה מאוד, עד שתהא נפשו קשורה באהבת ה' ונמצא שוגה בה תמיד, כאילו חולה חולי האהבה שאין דעתו פנויה מאהבת אותה אשה והוא שוגה בה תמיד, בין בשבתו בין בקומו בין בשעה שהוא אוכל ושותה.

יתר מזה תהיה אהבת ה' בלב אוהביו, שוגים בה תמיד, כמו שצונו "בכל לבבך ובכל נפשך" (דברים ו, ה), והוא ששלמה אמר דרך משל "כי חולת אהבה

אני" (שיר השירים ב, ה), וכל שיר השירים משל הוא לענין זה.

משנה תורה, הלכות תשובה י, ג

רבי דב בער מליובאוויטש ("אדמו"ר האמצעי" מחב"ד; 1827–1773, ה'תקל"ד–ה'תקפ"ח)

ההתבוננות בעצם הוא ענין ההסתכלות החזקה בעמקות הענין ולעמוד עליו הרבה עד שיבין אותו על בוריו בכל חלקיו בפרטי פרטיות והוא בחינת פנימיות בינה...

כידוע על דרך משל המביט בעינו על דבר מה ואינו מתבונן כלל על הדבר באיכותו ומהותו בכל חלקיו הפנימיים וחיצונים, רק דרך מעביר בעלמא שבמשך זמן ודאי ישכח עליו לגמרי. וגם [אפילו מיד] לא יוכל לספר לזולתו רק כלליות ענין אותו הדבר שראה בהעברת העין ולא בטביעת עין כלל.

וכן העברת עין השכל באיזה סברא בהשקפה ראשונה בלתי עכוב והעמדה לעיין בו היטב ולא ידע בסברא זו לתכליתה כלל...

כי הנה ג' דברים הוא שיש בכל דבר מושכל. עומק ואורך ורוחב... עומק המושכל הוא בחינת עצם נקודתו כמו שהוא... הכל נמשך מעצם עומק נקודתו כמו שהוא נובע מן החכמה הנקראת אין.

וכמו שכתוב "ונהר יוצא מעדן" כו' (בראשית

ב, כ) שהבינה נקראת "נהר" והחכמה נקראת "מעיין" כידוע.

והוא הנקרא עיון שעומד על דבר המושכל ומעיין בו הרבה מאד, שהוא העיכוב היפך המהירות דהיינו כדי לבוא לעומקו של המושכל כמו שהוא בעצם פנימיותו ותוך תוכו דוקא.

כמו המסתכל על דבר מה בעינו ולא בהעברה בעלמא אלא בפקוח וטביעת עינו בעיכוב גדול, עד שיודע אותו היטב בכל חלקיו הפנימים ותוך תוכו כו'. והוא הנקרא התבוננות בנו"ן הכפול דוקא, דהיינו שמתבונן ומעיין בו הרבה. וכמו שפרש"י "בעיוני – לעמוד על הדבר להבינו על בוריו" כו'.[66]

ונמצא בחינת העיון הזה הוא רק בחינת כלי לבחינת ההעמקה דבינה עצמה...

ולמעלה מזה הוא נקודת מעמיק שמגיע למעלה גם מן החכמה עצמה. שהגם שהחכמה היא בחינת האין ממש של המושכל קודם שבא לכלל עומק נקודת המושג שבבינה, כמעיין לגבי נהר כנ"ל; אבל בחינת העמקה בשרש של המושכל – שרשה מגיע בשרש הממשיך לנביעת מעיין דחכמה כו', ונקראת "עמקי החכמה" או "תעלומות חכמה".[67]

נר מצוה ותורה אור,
שער היחוד קט ע"א ("קונטרס ההתבוננות")

ז

תהילים

כשבוחנים מונחים אלה של מדיטציה והתבוננות מזהים מייד שרבים מהם מופיעים בספר תהילים, ולעיתים קרובות דווקא שם הם מופיעים במובן שמסמן את מצבי התודעה הגבוהים ביותר. הדבר נכון בפרט ביחס לפרק קיט בתהילים, שממנו ציטטנו כבר כמה וכמה קטעים שמרמזים בהחלט על מצבי תודעה מדיטטיביים. אפשר להסיק מכך שבימי התנ״ך מילא ספר תהילים תפקיד חשוב אצל העוסקים במדיטציה.

לכן יהיה מעניין לערוך ניתוח לשוני לשם הספר, ״תהילים״. המילה ״תהילים״ באה מן השורש הל״ל, שבדרך כלל מתפרש כ״לשבח״. לאור זה פרקי תהילים נתפסים לעיתים קרובות כסדרה של שבחים לה׳, ותו לא.

אולם לשורש הל״ל ישנן משמעויות נוספות, חשובות מאוד מנקודות המבט שלנו. המשמעות הראשונה היא בהירות והארה, כמו בפסוקים ״הֵן עַד יָרֵחַ וְלֹא **יַאֲהִיל** וְכוֹכָבִים לֹא זַכּוּ בְעֵינָיו״ (איוב כה, ה), וכן ״**בְּהִלּוֹ** נֵרוֹ עֲלֵי רֹאשִׁי״ (שם כט, ג).

המשמעות השנייה היא של טירוף, כמו במילה "הוללות", שבמקומות רבים בתנ"ך מציינת מצב של שיגעון.[68] מכאן שהשורש הל"ל מציין מצב שבו אדם עוזב את מצב התודעה הנורמלי שלו, ובה בעת קולט אור רוחני. בכך הוא שונה מהמונחים הרבים האחרים המציינים שבח, כיוון ש"הלל" הוא שבח שמכוון להשגת הארה דרך מצב תודעה של שכחה.

לא קשה להבין את היחס שבין הארה ושיגעון, כיוון שהתנ"ך מקשר בפירוש בין שיגעון ובין נבואה. במקום אחד הנביא מכונה "משוגע", והפרשן החשוב רבי יצחק אברבנאל מפרש "והיו קוראים אותו משוגע, לפי שבהתבודדותו היה נראה להם משתגע, לפי שלא היה משגיח בשאר ענינים והיה שוגה בהם".[69]

במקום נוסף אנו מוצאים הקבלה עוד יותר מפורשת. ה' אומר "לְכָל אִישׁ מְשֻׁגָּע וּמִתְנַבֵּא וְנָתַתָּה אֹתוֹ אֶל הַמַּהְפֶּכֶת וְאֶל הַצִּינֹק" (ירמיהו כט, כו). כאן המפרשים – ויצוין במיוחד הרד"ק – קובעים שוב שאנשים רבים החשיבו את הנביאים למשוגעים בגלל התנהגותם החיצונית הבלתי רגילה. לכן היו כאלה שהשתמשו במילה "נביא" כמילה נרדפת ל"משוגע".

המילה "הלל" קשורה אפוא לשורש לה"ה ולשער ל"א, שכאמור לעיל מציין שלילה. היא קשורה גם לשורש חל"ל, שמבטא חלל ריק, בפרט במובן הרוחני. מדרגה כזו של "היות חלול" קשורה מאוד לנבואה, וזו הייתה מדרגת דוד המלך שאמר על עצמו "כִּי עָנִי וְאֶבְיוֹן אָנֹכִי וְלִבִּי חָלַל בְּקִרְבִּי" (תהילים קט, כב).

כל זה מסמן ש"חלל" מבטא שלילה של החושים ושל

האגו בחתירה אל ההארה. מזמורי תהילים נקראים כך אם כן מפני שהם עוצבו במיוחד לסייע לאדם להגיע למצב תודעה נשגב.

הניתוח הלשוני הזה לא היה משכנע אלמלא נתמך במסורת מוצקה. ישנה מסורת ברורה בתלמוד שמזמורי תהילים שימשו להשגת מצב הארה שמכונה "רוח הקודש".

המתבונן ישים לב שמזמורי תהילים רבים פותחים בביטוי "מִזְמוֹר לְדָוִד" או "לְדָוִד מִזְמוֹר". הגמרא אומרת שמזמורים שפותחים ב"לְדָוִד מִזְמוֹר" נאמרו אחרי שדוד השיג רוח הקודש, אבל כאשר המזמור פותח ב"מִזְמוֹר לְדָוִד" פירוש הדבר שדוד השתמש במזמור כדי להגיע למצב של הארה.[70] על פי זה לפחות שמונה עשר מזמורי תהילים חוברו כאמצעי להשגת מצב תודעה גבוה.

במדרש מופיעה קביעה מסקרנת נוספת, ביחס למזמורים צ עד ק. מזמור צ הוא "תְּפִלָּה לְמֹשֶׁה", ועל פי המסורת כל אחד עשר המזמורים שממנו ואילך נאמרו על ידי משה רבנו: "אחד עשר מזמורים שאמר משה בטכסיס של נביאים אמרן".[71] אף על פי שפירוש הדבר לא נהיר כל צרכו, אפשר שהמדרש מלמד שאחד עשר המזמורים הללו נועדו כאמצעי להשגת נבואה.

המדרש ממשיך ואומר: "ולמה לא נכתבו בתורה? לפי שאלו דברי תורה ואלו דברי נבואה". התורה עוסקת בראש ובראשונה בדין, ואילו עניינים שעוסקים בנבואה ובפנימיות מוצאים את מקומם הראוי בספר תהילים.

בבחינה מקרוב נוכל למצוא ראיות נוספות שתומכות בכך. הגמרא אומרת שמזמור צא, אחד מן האחד עשר הללו,

מכונה "שיר של פגעים".[72] המדרש מספר שבשעה שעלה משה למרום בהר סיני, הוא אמר מזמור זה כדי להינצל מפגיעתם של המזיקים.[73] רב האי גאון (939-1038, ד'תרצ"ט-ד'תשצ"ח), אחד מהגדולים הקדומים והחשובים של העיסוק בנסתר, כותב שה"פגעים" האמורים כוללים את מה שקרה לבן זומא, שלקה בנפשו אחרי שניסה לעלות אל מסתרי המרכבה. כלומר מזמור זה נועד להגן על המקובל העולה במעלות תורת הנסתר מפני תקלות שכאלה.[74]

מזמור נוסף, שעל פי הזוהר שימש במיוחד לעורר את רוח הנבואה, הוא מזמור ז בתהילים.[75] מזמור זה נקרא "שִׁגָּיוֹן לְדָוִד", ועל פי מדרש אחד לפחות שם זה קשור בפרט עם החיפוש אחר רוח הקודש ונבואה.[76] הדבר מבאר גם את משמעות המילה המסתורית "שִׁגָּיוֹן", שנבוכו בה המפרשים. על פי הפרשנות הזו, אות השורש העיקרית של המילה היא ג, והיא קשורה למילים "נגן" ו"הגה", שהוזכרו לעיל. על פי זה מדובר במזמור שמיועד במיוחד למדיטציית הגה.

העובדה שמזמור זה מדבר על התמודדות עם אויבים ולא על מושגים רוחניים גבוהים אינה סותרת זאת. האויבים הללו הם למעשה הקליפות וכוחות הרע שיוצרים מחסום ומסכנים את מי שמנסה לטפס אל גבהים רוחניים. הצעד הראשון בעלייה אל מדרגות רוחניות גבוהות יותר כרוך אם כן במעבר דרך תחום ממשלתו של הרע, שהוא ה"רוּחַ סְעָרָה... עָנָן גָּדוֹל וְאֵשׁ מִתְלַקַּחַת" שבחזון יחזקאל. התכלית הראשית של "שִׁגָּיוֹן", כמו של מדיטציית הגה, היא לזכך את התודעה מענייני החולין ולהתגבר על ה"אויבים" הללו. המקובל החשוב

רבי יוסף ג׳יקטיליה (1248-1305, ה׳ח-ה׳ס״ה) כותב בפירוש שזו תכליתם של כל מזמורי תהילים.[77]

אולם כאמור, מבין כל מזמורי תהילים, המעניין ביותר הוא מזמור קיט. אפילו במבנהו מזמור זה שונה מכל פרק אחר בתנ״ך. הוא בנוי כשיר על סדר האל״ף-בי״ת, ולכל אות מוקדשים שמונה פסוקים. ישנה תופעה נוספת במזמור זה שמושכת מאוד את תשומת לבנו. זוהי העובדה שכל המילים שזיהינו כמתייחסות למדיטציה ולמצבי תודעה מדיטטיביים מופיעות בו בריבוי לא פרופורציונלי.

תכונה חשובה אחת של המזמור היא העובדה שכל אות חוזרת שמונה פעמים. חשיבות הדבר מתבררת כאשר מבינים את משמעות המספר שמונה. אומנם העניין מדובר בכמה מקומות, אבל הניתוח הבהיר ביותר נעשה על ידי המקובל והמיסטיקן הבולט רבי יהודה ליווא (1525-1609, ה׳רפ״ה-ה׳שס״ט), המהר״ל מפראג, המפורסם כמי שעשה את הגולם מפראג.

על פי המהר״ל, המספר שבע מתייחס לשבעת ימי הבריאה, ולכן מספר זה תמיד מציין את שלמות העולם הגשמי. המספר שמונה הוא הצעד הבא, ולכן שמונה מציין צעד אחד מעבר לגשמי. בכל מקום שאנו מוצאים את המספר שמונה, הוא מתייחס לדבר מה שמביא את האדם אל העולמות הרוחניים.[78] במקום אחר המהר״ל אומר שזו בדיוק משמעות החזרה על כל אות שמונה פעמים במזמור קיט.[79]

המהר״ל מדבר על המספר שמונה ביחס לברית מילה, שנערכת ביום השמיני אחר הלידה. יחסי אישות כרוכים ברגשות ובתשוקות העמוקים והחזקים ביותר של האדם. בכך

שה' כרת עם אברהם ברית הקשורה לאיבר המין, וציווה שהיא תתבצע ביום השמיני, הוא סימן שרגשות ותשוקות אלה נועדו לשמש את האדם במסעו המיסטי אל האלוקות שמעבר לעולם.

קרובה מאוד לכך היא העובדה שהכוהן הגדול בבית המקדש לבש שמונה בגדים בשעה ששירת בקודש.

ראוי לציין שקודם שציווה ה' את אברהם אבינו על המילה הוא אמר לו "הִתְהַלֵּךְ לְפָנַי וֶהְיֵה תָמִים" (בראשית יז, א), וזוהי גם מילת מפתח במזמור קיט בתהילים: "אַשְׁרֵי תְמִימֵי דָרֶךְ" (תהילים קיט, א).

המילה "תמים" מבטאת שלמות רוחנית, שבה אדם יכול להשיג את המדרגה השמינית, מעבר לגשמי. כך, אחרי שה' אוסר על כמה מנהגי כישוף שהכנענים הורגלו בהם, הוא מצווה "תָּמִים תִּהְיֶה עִם ה' אֱלֹהֶיךָ" (דברים יח, יג). כפי שמבאר הפרשן הנודע רבי יצחק אברבנאל, למילה "תמים" יש משמעות של הארה ונבואה אמיתיות, הנבדלות ממצבי תודעה מיסטיים מזויפים.[80]

על פי כמה מקובלים, המילה "תמים" קרובה מאוד למילה "תאומים".[81] כשאדם הוא שלם – תמים – הוא נעשה כ"תאום" לאדם העליון – ה"אדם" שראה יחזקאל יושב על הכיסא. אדם שמגיע למדרגה זו נעשה ראוי לתקשר עם הכוחות הרוחניים העליונים.

כך תתבאר גם משמעותם של האורים ותומים. הם היו עשויים משתים עשרה אבנים ששובצו בחושן שעל חזה הכוהן הגדול, ועליהן נחקקו שמות שבטי ישראל.[82] החושן היה אחד

משמונת בגדי הכהונה שלבש הכוהן הגדול בבואו לשרת בקודש.

לכמה דעות, האורים ותומים כללו גם פיסת קלף שעליה היה רשום השם בן ע״ב אותיות, שהונח בתוך החושן.[83] על פי המקובלים, שמות השבטים ומילים נוספות שהיו חקוקות על שתים עשרה האבנים כללו גם הם 72 אותיות בדיוק.[84] זהו עניין משמעותי, שכן כפי שראינו, השם בן ע״ב אותיות ממלא תפקיד חשוב בהשגת נבואה.

ביארנו לעיל כיצד המילה ״חושן״ מרמזת לחוויה ולהתגלות מיסטיות. חשוב לציין גם שהכוהן הגדול יכול היה להשתמש באורים ותומים רק בשעה שלבש את כל שמונת הבגדים.[85] בשעה שהשתמש הכוהן באורים ותומים הוא הגיע אל המדרגה השמינית, עלה מעבר לשלמות הגשמית ונכנס לתחום הרוחני.

על פי הגמרא, האורים ותומים שימשו להתבוננות בהם. הכוהן הגדול היה עורך התבוננות באבני האורים ותומים, עד שהגיע להארת רוח הקודש. או אז, היה הכוהן רואה את האותיות שעל גבי האבנים מאירות ומאייתות את המסר שנזקקו לו.[86]

כך יתבאר המונח ״אורים ותומים״. ״אורים״ כמובן מלשון ״אור״, מפני שהאותיות היו ממש מאירות.[87] והמילה ״תומים״ – מן המילה ״תמים״, שבה אנו דנים.[88] מכאן שהתומים היו מביאים את הכוהן הגדול למדרגת תמים – השלמות והמלאות שמבטאת רוח הקודש.

כך, כאשר מזמור קיט מדבר על "תְמִימֵי דָרֶךְ", הוא מדבר על מי שמבקשים הארה וחוויה שמעבר לעולם. עולה הרושם ההחלטי שמזמור זה נמסר איש מפי איש על ידי מבקשי הארה, אולי על ידי בני הנביאים בבקשתם נבואה. כיוון שכך, אפשר שמזמור זה כמוהו כמנטרה ארוכה, שנאמרת בסדר קבוע עד שהיא מביאה אדם אל מצב תודעה מדיטטיבי גבוה.

בהקשר זה ראוי לציין שהבעל שם טוב (1698-1760, ה'תנ"ח-ה'תק"ך), מייסד תנועת החסידות, השתמש במזמור זה. הוא קיבל ממורהו הרוחני שאם יאמר את מזמור קיט מדי יום, יהיה בכוחו לדבר אל בני אדם ובה בעת לשמור על דבקותו בה'.[89] כך אנו מוצאים שאפילו אצל המקובלים המאוחרים מילא מזמור זה תפקיד חשוב.

משעה שאנו מבינים את משמעות המונחים הקשורים למדיטציה ולמצבי תודעה מדיטטיביים, יש באפשרותנו לפרש כראוי מזמור זה. מתברר מייד שקטעים רבים בו מרמזים לחוויות מיסטיות. המזמור מדבר על אדם שהולך בדרך ההארה, מבקש מצבי תודעה גבוהים, ובה בעת מבקש להינצל מכל שגיאה וסכנה שעומדת לפתחם של מי שעולים אל גבהים רוחניים שכאלה.

האורים ותומים

ראובן א	שמעון ב	לוי רהם
יהודה י	יששכר צ	זבלון ח
דן ק יעק	נפתלי ב	גד שבטי
אשר ישר	יוסף ון	בנימין

מתוך מזמור קיט

בְּפִקֻּדֶיךָ אָשִׂיחָה
וְאַבִּיטָה אֹרְחֹתֶיךָ.
בְּחֻקֹּתֶיךָ אֶשְׁתַּעֲשָׁע
לֹא אֶשְׁכַּח דְּבָרֶךָ.
גְּמֹל עַל עַבְדְּךָ אֶחְיֶה
וְאֶשְׁמְרָה דְבָרֶךָ.
גַּל עֵינַי וְאַבִּיטָה
נִפְלָאוֹת מִתּוֹרָתֶךָ.

תהילים קיט, טו-יח

דֶּרֶךְ פִּקּוּדֶיךָ הֲבִינֵנִי
וְאָשִׂיחָה בְּנִפְלְאוֹתֶיךָ.
דָּלְפָה נַפְשִׁי מִתּוּגָה
קַיְּמֵנִי כִּדְבָרֶךָ.
דֶּרֶךְ שֶׁקֶר הָסֵר מִמֶּנִּי
וְתוֹרָתְךָ חָנֵּנִי.
דֶּרֶךְ אֱמוּנָה בָחָרְתִּי
מִשְׁפָּטֶיךָ שִׁוִּיתִי.
דָּבַקְתִּי בְעֵדְוֹתֶיךָ
ה׳ אַל תְּבִישֵׁנִי.
דֶּרֶךְ מִצְוֹתֶיךָ אָרוּץ
כִּי תַרְחִיב לִבִּי.

שם, כז-לב

ח

המתבודדים

המונח היחיד שטרם גילינו בתנ"ך הוא זה המשמש ביותר בכתבים מאוחרים יותר לציין מדיטציה, דהיינו "התבודדות". תהיה זו אכזבה גדולה לא למצוא אפילו רמז למילה הזו, או שימוש כלשהו בה בכל התנ"ך. אולם בבחינה מדוקדקת יותר אכן אפשר למצוא את המונח הזה, או לפחות את נגזרותיו. למעשה ייתכן שזהו המונח התנ"כי המקורי לתיאור מי שעוסק במדיטציה.

כאמור לעיל, בעוד הנביאים עצמם שמרו על איפוק רב בכל הנוגע לדיון גלוי בדרכי הנבואה שלהם, אפשר לזהות רמזים אצל כתות אחרות שנזכרו בתנ"ך, אשר עסקו בכישוף ובעבודת אלילים, וניסו לעיתים קרובות לחקות את הנביאים. אצל אחת הכתות הללו אנחנו מוצאים את המונח "מתבודד" באחת מצורותיו. ישעיהו הנביא מדבר על מתבודדים שכאלה באומרו "מֵפֵר אֹתוֹת **בַּדִּים** וְקֹסְמִים יְהוֹלֵל" (ישעיהו מד, כה). האבן עזרא, מחשובי המפרשים, מבאר את המילה

"בַּדִּים" ואומר: "מגזרת בדד, כי יש נשמות שיש להם כח להתבודד".[90]

על פי האבן עזרא, המונח המתאר את מי שעורך מדיטציה הוא "בד". זוהי צורה מקוצרת של המונח המאוחר יותר "מתבודד". זהו סימן ברור לכך שמדיטציה מילאה תפקיד חשוב בדרכי עבודת האלילים, כשם שהיא שימשה אצל הנביאים.

בין דרכי הכישוף שנאסרו בתורה נמנית גם העלאה באוב.[91] אל בעלת אוב שכזו הלך שאול המלך בשעה שביקש לתקשר עם נשמתו של שמואל הנביא.[92] רבת משמעות העובדה שהתרגום מתרגם את "אֵשֶׁת בַּעֲלַת אוֹב" כ"אִתְּתָא דְיַדְעָא לְאַסָקָא בִּידִין", כלומר "אישה שיודעת להעלות 'בידין'", שוב מילה שנגזרת מן השורש בד"ד, המציינת מדיטציה. גם מתיאורו של הרמב"ם את העלאת האוב נראה שמדובר בסוג של מדיטציית מנטרה, שעל ידה המכשף נכנס לטראנס מדיטטיבי שנצרך כדי לתקשר עם המתים.

הדבר מפתיע במיוחד כשאנו מתבוננים בפסוק שהוזכר כבר. ישעיהו מדבר על "הָאֹבוֹת... הַיִּדְּעֹנִים הַמְצַפְצְפִים וְהַמַּהְגִּים" (ישעיהו ח, יט). עסקנו במילה "הגה" באריכות, ובמידה רבה משמעותה סוג של מדיטציה שכולל שירה או הנעמה של מנטרה חזרתית. כאן אנו רואים בבירור שבעלי האובות והידעונים השתמשו בשיטה זו.

המילה "צפצף" מתפרשת אצל מפרשים רבים כמציינת את ציוץ הציפור.[93] בכך היא מילה אונומטופאית, כלומר מילה שצלילה מציין את משמעותה, כיוון שמילה זו נשמעת בעצמה

כמו ציוץ הציפור. אולם חשוב לציין שבשניים מתוך ארבעת מופעי המילה "צפצף" בתנ"ך, היא מוזכרת בסמיכות למילה "הגה", שמתייחסת למדיטציה.[94]

על פי המדקדקים, כל מילה שיש לה בסיס כפול מתייחסת לפעולה שחוזרת שוב ושוב בתכיפות גדולה. כזו היא המילה "צפצף", ולכן היא מציינת צליל שחוזר על עצמו במהירות. מן ההקשר נראה שהצפצוף שנהגו בו המכשפים כלל חזרה על צליל מסוים שוב ושוב, כמו בסוגים מסוים של מדיטציית מנטרה. ההבדל בין "הגה" ובין "צפצף" עשוי להיות שבראשון חוזרים על מילה או ביטוי, ואילו בשני הצליל הוא בלתי מובחן.

רעיון זה עצמו מצוי גם במקום נוסף, שבו הנביא אומר: "וְהָיָה כְּאוֹב מֵאֶרֶץ קוֹלֵךְ וּמֵעָפָר אִמְרָתֵךְ תְּצַפְצֵף" (ישעיהו כט, ד). כאן אנו מוצאים שוב את הצפצוף מיוחס לבעלי האוב, אות לכך שהשימוש בו אצל מכשפים אלה היה מצוי ומקובל.

רבי נתן בן יחיאל (1106-1035, ד'תשצ"ה-ד'תתס"ו), בעל ספר הערוך, אומר שלמילה "צפצף" יש משמעות גם של מדיטציה ("הגה") וגם של חזון נבואי.[95] ככזו, היא קרובה למילה "צופה", שהוא כינוי לנביא, ולשורש צפ"ה, שפירושו ראייה, בפרט במובן נבואי או מיסטי.

לשורש צפ"ה יש גם משמעות של כיסוי (ציפוי), מה שקשור מאוד לשורש צפ"ן, שפירושו להסתיר ולהעלים. הנביא (הצופה) הוא מי שמסוגל לראות, אבל מה שהוא רואה צפון ומכוסה מיתר בני האדם. שורש זה קשור מאוד גם

לשורש צו"ף, כלומר לצוף על פני המים. במובן זה הצופה עסוק בתהליך דומה מאוד לזה שתואר בהקשר של מדיטציית שיח. הנביא לא רק צופה, אלא גם צף ועולה אל מדרגה שהיא מעל "פני המים" של העולם הגשמי.

אפשר שהמילה קשורה גם לשורש צפ"ף. הצופה נדרש לצופף את רוחו וללחוץ אותה כנגד הגוף, אל מחוץ למציאות הגשמית.

קשר אחרון זה חשוב במיוחד, כיוון שהמונח "צפצף" משמש גם הוא בהקשר זה בכמה מקומות בגמרא ובמדרשים. המדרש מדבר על אדם שנמצא על ערש דווי בלשון "בשעה שנפשך מצפצפת לצאת מתוך גופך".[96] גם הגמרא מדברת על שוכני הגיהינום ש"מצפצפין ועולין",[97] כלומר מצטופפים בשער כדי לצאת ממנו. המדרש מדבר גם על הגאולה האחרונה שהיא דומה לעלות השחר, ומתארים אותה כ"מצפצפת".[98] נראה מכל המקורות הללו שהמונח "צפצף" מתייחס ללחץ מסוג רוחני, שבו אדם מבקיע לו דרך אל מדרגה גבוהה יותר, שהתודעה חשה בקיומה.

המילה "צפצף" משמשת בעיקר ביחס למכשפים, בפרט בעלי אוב. אלו הם המיסטיקנים שצריכים להפעיל לחץ רוחני, לדחוף ולהדוף כדי לפרוץ דרך אל הרוחני. אולם הנביא האמיתי נמצא במדרגת "שיח", שבה על ידי שימוש בדרכים המתאימות, הוא מסוגל לצוף ללא מאמץ אל המציאויות הגבוהות ביותר.

מקורות

רמב"ם

כיצד הוא מעשה האוב? זה שהוא עומד ומקטיר קטרת ידועה ואוחז שרביט של הדס בידו ומניפו, והוא מדבר בלאט בדברים ידועים אצלם, עד שישמע השואל כאלו אחד מדבר עמו, ומשיבו על מה שהוא שואל בדברים מתחת הארץ בקול נמוך עד מאד, וכאלו אינו ניכר לאוזן אלא במחשבה מרגיש בו.

משנה תורה, הלכות עבודה זרה ו, א[99]

איזהו קוסם? זה העושה מעשה משאר המעשיות כדי שישום ותפנה מחשבתו מכל הדברים, עד שיאמר דברים שעתידים להיות, ויאמר דבר פלוני עתיד להיות, או אינו הווה, או שיאמר שראוי לעשות כן והזהרו מכך.

יש מן הקוסמין שמשמשים בחול או באבנים, ויש מי שגוהר לארץ וינוע וצועק, ויש מי שמסתכל במראה של ברזל או בעששית ומדמין ואומרים.

ויש מי שנושא מקל בידו ונשען עליו ומכה בו עד שתפנה מחשבתו ומדבר, הוא שהנביא אומר "עמי בעֵצוֹ ישאל ומקלו יגיד לו" (הושע ד, יב).

משנה תורה, הלכות עבודה זרה יא, ו[100]

ספר החינוך

ענין הקסימה הוא... שמתבודדים במחשבתם, וקובעים כל הכוונה וכל ההרגש שלהם על אותו הענין שיחפצו לדעת. ומתוך ההתבודדות והקביעות החזק והתפשטות כל המחשבה מכל עניני העולם הגופני, תתערב נפשם עם הרוחנים הקולטים העתידות הקרובות.

ספר החינוך סימן תקי [101]

רבי יצחק אברבנאל

עם התבודדות דמיון שאול והתעוררותו על מה שדבר אליו שמואל פעמים רבות שקרע ה׳ את הממלכה מעליו ונתנה לרעו... היה משתקע כל כך בדמיונו, שהיה נדמה אליו הענין ההוא אשר יחשבהו וידמהו כאלו נאמר אליו, וזהו הקול נמוך שהיה שומע השואל ״כאוב מארץ קולו״ (ישעיהו כט, ד), שהוא כולו מפעל דמיונו והתחזקותו בהתבודדות.

וכמו שיקרה לחולים או חלושי השכל, שבהתחזק דמיונם יראו דברים בעיניהם כאילו הם מחוץ. ולכן אמרו שמי שהוא צריך לו הוא השומע הדברים, והמעלה אותו [את המת] רואה ואינו שומע.[102] וזה בהיותו מתבודד במי שיעלה [באיש המת], וכאילו הדמיון החזק ההוא ישים המעלה כאילו רואה מה שאינו מחוץ, וישים השואל והצריך לו כאילו שומע מה שאינו קול מוחש מבחוץ.

אברבנאל על שמואל א׳ כח, יא, הדעה הרביעית[103]

ט

עידנים משתנים

דבר אחד ברור הוא שלמנהגים האליליים ולדרכי הכישוף היה דמיון רב למנהגים המיסטיים של הנביאים. אפשר שזהו אחד הטעמים לכך שדרכי הנביאים הוסתרו כסודות חתומים והוגבלו לחבורות קטנות יחסית. הדבר היה נכון בפרט לאחר תום תקופת הנביאים, שעה שמנהגים אלה היו כמעט בלתי ידועים מחוץ למעגלים מובחרים וקטנים מאוד.

הנביאים ידעו שאנשים רבים שלא הייתה להם ההכנה הראויה או המזג הראוי ינסו לחקות מנהגים אלה. כשלא יצליחו בניסיונם להשיג נבואה, הם יפנו אל דרכי המדיטציה הפשוטות יותר אך האסורות של עובדי האלילים. לכן דרכי הנבואה כוסו במעטה של חשאיות כמעט גמורה, ואין להן אזכור גלוי בכל רחבי התנ"ך.

הגמרא אומרת שבימי הנביאים היה לבני האדם "יצר של עבודה זרה".[104] לכאורה קשה להבין מדוע שבני אדם יתאוו לעבוד עבודה זרה, עד כדי כך שעל פי ההקשר זה היה יצר

השקול בעוצמתו ליצר המין. אבל כאשר אנשים רבים עסקו בחוויות מיסטיות, התשוקה להצטרף אליהם הייתה עזה. החוויה המיסטית היא אחת מהחוויות המתוקות, העמוקות והמרוממות ביותר שאדם עשוי לחוות, והיא עשויה להיות דבר נחשק מאוד.

אולם בה בעת, החוויה המיסטית האמיתית היא רוח הקודש, שאפשר להשיגה רק אחרי שאדם עולה בעשרת שלבי הסולם. קודם שיוכל אדם להגיע למדרגה זו הוא צריך להיות צדיק אמיתי, הן בעבודת ה׳ שלו והן ביחסיו עם בני אדם. מעבר לכך, אדם לא יכול אפילו להיכנס ללמוד נבואה קודם שעבר שנים של תרגול וזיכוך. לכן אנשים התפתו לעשות קיצורי דרך, ובין הזמינים ביותר היו דרכי הכישוף של עובדי האלילים.

הגמרא מדווחת שבימי בית ראשון היו למעשה מיליוני אנשים שעסקו בסתרי הנבואה.[105] אין זה צירוף מקרים שעבודה זרה וכישוף היו כה מצויים באותם ימים. אנשים שלא יכלו להגיע אל הגבהים הרוחניים של הנביאים פנו אל הדרך הקלה של עבודה זרה וכישוף במקום זאת. לכן אין זה צירוף מקרים גם שבשעה שבתי הספר לנבואה חוסלו אחרי חורבן בית המקדש הראשון, גם יצר העבודה הזרה התבטל.[106]

ואולם, קבוצות קטנות וסגורות ששמרו על מסורות הנביאים היו עדיין חיות ופעילות. כדי למנוע את ההמונים מלפנות שוב אל מנהגי העבודה הזרה כתחליף למדיטציה נבואית אמיתית, הן הגבילו את תפוצת הרעיונות הללו. ולבסוף, מחוץ לאותם בתי ספר קטנים, מנהגים אלה היו

לגמרי בלתי ידועים. היחידים שהיה להם מושג כלשהו ביחס לשיטות ולטכניקות היו קבוצה קטנה ומוגבלת של מקובלים.

הרמב"ם כותב שהנבואה מוכרחה להתחדש קודם ביאת המשיח.[107] אולם כפי שלמדנו, נבואה אינה מתרחשת מעצמה, אלא צריך לפתח אותה בתרגול רב של הנהגות מסוימות מאוד. לכן, קודם ימות המשיח ההנהגות הללו יתגלו ויילמדו. רק אז תתקיים הנבואה "וְהָיָה אַחֲרֵי כֵן אֶשְׁפּוֹךְ אֶת רוּחִי עַל כָּל בָּשָׂר וְנִבְּאוּ בְּנֵיכֶם וּבְנוֹתֵיכֶם, זִקְנֵיכֶם חֲלֹמוֹת יַחֲלֹמוּן בַּחוּרֵיכֶם חֶזְיֹנוֹת יִרְאוּ" (יואל ג, א).

תושלב"ע

הערות

הערות להקדמה

1. רוב כתבי היד שהמחבר מפנה אליהם יצאו לאור מאז הופעת המהדורה האנגלית, וזמינים כעת לציבור הרחב. ההפניות אליהם עודכנו בהתאם בציוני המקורות (המתרגם).

הערות לחלק ראשון

1. זהו פירושה של המילה "בודד" במופעה הקדום ביותר – ראו איכה רבה פתיחתא כ. עוד ראו חובות הלבבות, שער חשבון הנפש ח, האופן השבעה עשר; שער הבחינה ו; שער הייחוד ח; רד"ק, ספר השרשים, "ירד" ו"אחד"; אוצר נחמד על הכוזרי, מאמר שלישי, סימן א. וכן במסילת ישרים פרק טו ופרק כו, שגם שם נראה כי מילה זאת משמשת במשמעות זו. והשוו חובות הלבבות שער הפרישות ב.
2. שערי קדושה חלק שלישי שער ז.
3. מלחמות השם ב, ו.
4. אלדוס האקסלי, דלתות התודעה: עדן ושאול, מאנגלית: שחר־דיויה לב, גבעתיים: מדף, 2016, עמ' 30–31. ראו מאמרי "On Immortality and the Soul," *Intercom* 13:2 (May, 1972), p. 5 (published by the Association of Orthodox Jewish Scientists).

5. הניתוח שלפנינו לקוח מספרו הידוע, המספיק לעובדי השם, בתרגומו של יוסף בן צאלח דורי (ירושלים תשכ"ה), עמ' קעז ואילך.
6. ראו רש"י ואבן עזרא על פסוקים אלה. והשוו מורה נבוכים ח"א פרק יח.
7. ראו אבן עזרא על אתר. הפסוק מציין "נפש" ו"רוח", וכפי שנראה בהמשך, ההתגלות מתרחשת בעיקר באמצעות הרוח.
8. ראו רבי יצחק דמן עכו, ספר מאירת עיניים, פרשת עקב (מצוטט בשערי קדושה חלק רביעי שער א). וראו גם חובות הלבבות, שער יחוד המעשה ד; מגיד מישרים, פרשת בשלח (אור לט"ו בשבט ה'שי"א); כתר שם טוב רכ (מובא גם בליקוטים יקרים קעט). כן ראו בסולם העליה (לרבי יהודה בן משה אלבוטיני), פרק עשירי.
9. ראו רש"י ורד"ק על אתר.
10. השוו אבן עזרא ורד"ק על אתר.
11. ראו תמיד לב ע"ב; משנה תורה, הלכות תלמוד תורה ג, יג. המילה הרומזת למדיטציה בפסוק זה היא "רֹנִּי", משורש רנ"ן, והיא תידון באריכות להלן בפרק ד של החלק השלישי.
12. אגרת המוסר לרמב"ם (אגרות קנאות, ליפסיא תרי"ט, לט ע"א).
13. משנה תורה שם ז, ד. מצוטט להלן בפרק ד של החלק השני.
14. במקור הערבי, הרמב"ם משתמש באותה מילה שמשתמש בה בנו לתיאור מדיטציה. שני מתרגמיו הקדומים של מורה נבוכים, רבי שמואל אבן תיבון ורבי יהודה אלחריזי, תרגמו מילה זו כ"התבודדות". תרגומו של אבן תיבון היה למראה עיניו של הרמב"ם עצמו ואולי אף נערך על ידו.
15. בראשית רבה י, א. השוו זוהר ח"א רנא ע"א; זוהר חדש ד ע"ב.
16. ראו גם פירושו לשמות כ, ח ולמיכה ב, א; יסוד מורא וסוד תורה ח.
17. מצוטט גם בשולחן ערוך אורח חיים צח, א. ראו תולדות יעקב יוסף פרשת אחרי ד"ה מצוה ואת זכר וגו'.
18. הרדב"ז מכוון בדבריו לרבי יעקב הלוי ממרויש (בערך 1170-1230, ד'תתק"ל-ד'תתק"ץ), שו"ת מן השמים סימן נח.

19. מצוטט גם בביאור הלכה, אורח חיים תקעא ס"ק ב.
20. דברי חז"ל הם מהמשנה ברכות ה, א. ציטוט דומה מאוד מופיע בשער הכוונה למקובלים הראשונים (כת"י בית המדרש לרבנים באמריקה Ms. 1915), עמ' 33. העניין מוזכר גם בשערי קדושה חלק רביעי שער ב.
21. יש המייחסים זאת לרבי דב בער, המגיד ממזריטש.
22. ראו גם מדבר קדמות מערכת ה, יג. המחבר מצטט רמז מעניין מהפסוק בויקרא טז, ד, "בַּד קֹדֶשׁ יִלְבָּשׁ", ומפרש "בד" מלשון התבודדות. הוא מציין גם שראשי התיבות של הפסוק "בְּכָל דְּרָכֶיךָ דָעֵהוּ" (משלי ג, ו) הם בד"ד.
23. עץ חיים ה, ה, על פי תהילים כב, לא. ראו גם ביאור הגר"א לספר יצירה פ"א מ"ט; נפש החיים א, טו.
24. ראו רמב"ן על אתר. השוו זוהר ח"ג קכג, ב. ראו גם שפע טל (לבוב, תרי"ט) הקדמה ד ע"ב; תניא ח"א פ"ב.
25. שער הגלגולים א.
26. עבודה זרה כ ע"ב; משנה סוטה ט, טו; ירושלמי שבת פ"א ה"ג (ח, ב); שקלים פ"ג ה"ג (יד, ב); שיר השירים רבה א, ט; מחזור ויטרי, ספר מלחמות ה' תקלג; ספר חסידים טו; ראשית חכמה שער האהבה יא.
27. שערי קדושה חלק רביעי (בסוף המהדורה הנדפסת).
28. תנא דבי אליהו רבה ב; והשוו תנא דבי אליהו זוטא א.
29. מכילתא בשלח, פרשה ו.
30. תנא דבי אליהו רבה ט.
31. ראו שערי קדושה חלק שלישי שער ז.
32. הרמב"ם רומז כאן לעשרת השלבים המוזכרים בהערה 26.

הערות לחלק שני

1. רש"י על שמות ז, א; רשב"ם על בראשית כ, ז. על טענה זו חולק בחריפות האבן עזרא על שמות שם; וראו רש"י בבא קמא ס ע"א ד"ה ניבה.

2. יריעות שלמה ח"א ג, יט ד"ה והמסתעף. וראו בבא בתרא יב ע"א ביחס לתהילים צ, יב.
3. רש"ר הירש על בראשית כ, ז; שמות ז, א; במדבר יא, כה.
4. השוו תהילים יט, ג; מט, ח; עח, ב; קיט, קעא. וראו רד"ק, ספר השרשים, "נבע".
5. ראו עבודה זרה ד ע"ב; תניא ח"א א.
6. בעשרת הצעדים המוזכרים בחלק ראשון, הערה 26, אנו מוצאים אם כן שרוח הקודש מביאה לידי תחיית המתים.
7. יחזקאל לז, ד, ט, יב.
8. מלכים א' כ, לה; מלכים ב' ב, ג; ב, ה; ב, ז; ב, טו; ד, א; ד, לח; ה, כב; ו, א; ט, א. וראו בתרגום על אתר.
9. מסכת אצילות ה; פרדס רימונים טז, ב-ג; השוו זוהר ח"ג צב ע"א; תיקוני זוהר הקדמה ו ע"ב. וראו רבי יצחק דמן עכו, אוצר החיים סימנים כט, נד, סא.
10. מכילתא ורש"י שמות יט, יח; תנחומא יתרו יג; בראשית רבה כז, א; קהלת רבה ב, כד.
11. מסכת אצילות ז. במקומות רבים בכתבי הקבלה המוקדמים, ספירת החסד מכונה "גדולה", וספירת יסוד מכונה "כל".
12. זוהר ח"ב לז ע"א; עבודת הקודש תכלית מב. השוו מורה נבוכים ח"א פרק יא.
13. רבי משה קורדובירו, שיעור קומה כא.
14. משנה תורה, הלכות יסודי התורה ז, ו; מורה נבוכים ח"ב פרק לד.
15. מלבי"ם על הפסוק; שיעור קומה כב. השוו תנא דבי אליהו רבה לא.
16. משנה חגיגה ב, א; בבלי שם יג ע"א. מתוך פרקי היכלות רבתי אנו למדים שהדבר התייחס לתרגול מעשי ולא לעיון בלבד.
17. ראו אבן עזרא ורד"ק על הפסוק; חגיגה יג ע"ב.
18. פרקי היכלות רבתי כא. הציטוט נכלל בספרנו **מדיטציה וקבלה** עמ' 57.
19. זוהר ח"ב פא ע"א; קלא ע"א; רג ע"א; ח"ג רכז ע"א; פרדס רימונים כה, ז; שערי אורה (ווארשא תרמ"ג) שער ה, נ ע"ב. הקליפות משבשות

את התודעה. ראו זוהר ח״ג קכג ע״א; תיקוני זוהר הקדמה יא ע״ב; ראשית חכמה שער היראה ד.

20. השוו איוב מ, ו; מלכים א׳ ב, א, יא.
21. רד״ק ואברבנאל על הפסוק, מתוך דברים רבה ז, ח. ראו רש״י חגיגה יג ע״ב ד״ה ״כל״; מורה נבוכים ח״ג פרק ו.
22. רמב״ן, דרשת תורת ה׳ תמימה, בתוך: כתבי הרמב״ן (ירושלים תשכ״ג) עמ׳ 168.
23. ראו מנחת שי על אתר; אבן עזרא, רקנאטי, ציוני, על שמות יד, יט.
24. בפרט בספריו חיי עולם הבא וספר החשק. מערכת זו נידונה באריכות גם בחלק הרביעי של הספר שערי קדושה, ומוזכרת אצל רבי דוד בן זמרא (רדב״ז), מגן דוד, אות ואו.
25. ספר הבהיר סימנים צד, קז, קי; זוהר ח״ב רע ע״א; רש״י סוכה מה ע״א ד״ה אני; פסיקתא זוטרתא שמות לג, כא. לתיאור שם זה ראו פרדס רימונים כא, ה, ולביאורו ראו ספר רזיאל המלאך (הוצאת מרגליות) עמ׳ נד ואילך.
26. מנחות כט ע״ב. המילה ״מזל״ אינה מופיעה בנוסח שלפנינו.
27. רעיון זה מקורו בשערי אורה שער ג אות ד. ראו בפנים סמוך להערה 92. הוא מצוטט ישירות בשערי קדושה חלק רביעי שער ב, יד.
28. ראו רמב״ם, שמונה פרקים, א.
29. ראו רמב״ם, פירוש המשניות, הקדמה לפרק חלק, היסוד השביעי; משנה תורה, הלכות יסודי התורה ז, ו.
30. העניין מפורט בפרקי היכלות רבתי טז-כה. ראו זוהר ח״ב קב ע״ב.
31. בראשית רבה פב, ז; מז, ח; זוהר ח״א ריג ע״ב; ח״ג קפב ע״ב; ריז ע״א; רסב ע״ב.
32. שיר השירים רבה ד, יא; מגילה יד ע״א. שישים הריבוא המוזכרים שם מקבילים לשישים ריבוא יוצאי מצרים.
33. יומא ט ע״ב.
34. המילים שבסוגריים מרובעים נוספו על ידי המחבר, וכן בכל הציטוטים בספר הזה.

35. שמות כה, יח-כב; מ, יח.
36. דברים לא, כו; רש"י שם; בבא בתרא יד ע"א. ראו רד"ק, רלב"ג ואברבנאל על מלכים א' ח, ט.
37. משנה שקלים ו, ב ותפארת ישראל שם; משנה תורה, הלכות בית הבחירה ד, א. וראו יומא נב ע"ב; הוריות יב ע"א; כריתות ה ע"ב; תוספתא יומא ב, יג; סוטה יג, ב; ירושלמי שקלים פ"ו ה"א (כד ע"ב); סדר עולם רבה כד; כוזרי, מאמר שלישי, סימן לט; רש"י, רד"ק ורלב"ג על דברי הימים ב' לה, ג. לדיון אם הארון הוסתר או נלקח לבבל ראו יומא נג ע"ב, ולמחלוקת אם הוסתר מתחת לקודש הקודשים או בלשכת דיר העצים ראו שם נד ע"א.
38. דרשות הר"ן ח (ירושלים 1974) עמ' קכח; עבודת הקודש, סתרי תורה ד, כה. והשוו בראשית רבה ע, ח.
39. ראו גם במדבר ז, פט.
40. אברבנאל על שמואל א' ג, ג, מצוטט בחלק המקורות. ייתכן שזהו הטעם שנאמר על ה' שהוא "יֹשֵׁב הַכְּרֻבִים" (שמואל ב' ד, ד; ו, ב) וש"וַיִּרְכַּב עַל כְּרוּב" (תהילים יח, יא; ראו תרגום על אתר). וראו מערכת האלוקות סוף פרק יא.
41. סוכה ה ע"ב; חגיגה יג ע"ב. וראו במפרשים על שמות כה, יח.
42. מכילתא שמות כ ,כ.
43. מורה נבוכים ח"ג פרק מה; חזקוני שמות כה, יח.
44. הכרובים מתפרשים אפוא כמלאכי הגיהינום, שדרכם אדם צריך לעבור קודם שייכנס לגן עדן. ראו תרגום יונתן ורבנו בחיי על בראשית ג, כד.
45. ראו מדרש הגדול, רמב"ן, רבנו בחיי, ציוני ורש"ר הירש על שמות כה, יח; תנחומא ויקהל ז; מורה נבוכים ח"ג פרק מה; זוהר ח"א לב ע"ב.
46. רלב"ג ואברבנאל על מלכים ב' ג, טו.
47. שערי קדושה חלק רביעי שער ב בתחילתו.

48. לבנת הספיר פרשת נח (מצוטט בעבודת הקודש ג, י).
49. יריעות שלמה ח"ב ד, ה; ראו גם שם ח"א, ג, ה. והשוו מורה נבוכים ח"ג פרק מה.
50. שערי אורה א, א. ראו ישעיהו יח, ה; רש"י על שמות טו, ב ועל ישעיהו כה, ה; רד"ק, ספר השרשים, "זמר".
51. ליקוטי מוהר"ן ח"א סד, ה, על פי שיר השירים ד, ח; רש"ר הירש לבראשית מט, כב.
52. ליקוטי מוהר"ן ח"א ג. השוו זוהר ח"ג רכג ע"ב, וזוהר חדש כו ע"ב; מח ע"א.
53. מצוטט במקורות לחלק ראשון, פרק ד.
54. ירושלמי ברכות פ"א ה"א (ד ע"א).
55. רבי אברהם אבולעפיה, חיי העולם הבא (ירושלים תש"ע) עמ' סו; רבי יהודה אלבוטיני, סולם העליה י (נדפס גם בתוך: כתבי יד בקבלה עמ' 227); שושן יסוד העולם (מכון חכמי ירושלים והמערב, תשפ"ב) סימנים שמג, תקא, א'ג, א'ד.
56. פרדס רימונים טו, ג; ראו ספר הבהיר סימן קלח.
57. ספר הבהיר סימן קלח. ראו רמב"ן ורבנו בחיי, שמות יז, יא.
58. ספר הבהיר סימן קכד. ראו ספר יצירה א, ג.
59. ספר החשק ח"א סימן ב. מצוטט בשערי קדושה חלק רביעי שער ג.
60. ברכות לד ע"ב. ראו מקורות בסוף פרק זה.
61. עבודה זרה יז ע"א. ראו גם חסדי דוד על התוספתא ברכות א, טו; אבן עזרא על איוב לב, יט.
62. ויקרא רבה לא, ד. בכך האדם מקרב את "ברית הלשון" אל "ברית המעור" של איבר המילה. ראו ספר יצירה א, ג.
63. קדושת לוי שם. ראו הערה 52.
64. בבא מציעא פו ע"ב.
65. תשובה לרבינו האי ז"ל, מצוטטת ב'פירוש הכותב' על עין יעקב חגיגה יד ע"ב (סימן יא); אוצר הגאונים חגיגה שם חלק התשובות עמ' 14.

66. אבן השהם, הקדמה. מקור הביטוי "ומראה ולא בחידות" בספר במדבר יב, ח. ר"י צייח משתמש בביטוי זה גם בספר שארית יוסף, אחרי הפיוט של עשר הספירות (ראו בציטוט הבא).
67. ירמיהו יא, כא; כו, ט.
68. ראו רקנאטי ורבנו בחיי על הפסוק. ראו גם רבי אברהם אבולעפיה, מפתח השמות (ירושלים תשס"א) פרשת ואלה שמות עמ' מו.
69. מדרש תהילים (בובר) צא, ח. המילה "ידע" בפסוק זה יכולה להתפרש במשמעות של חיבור ודבקות, כמו בפסוק "וְהָאָדָם יָדַע אֶת חַוָּה אִשְׁתּוֹ" (בראשית ד, א).
70. סולם העלייה י, מצוטט בתוך: שלום, כתבי יד בקבלה, עמ' 229.
71. שערי אורה; פרדס רימונים כ; שני לוחות הברית, הקדמת תולדות אדם, בית ה' אות לה. השוו אבות דרבי נתן לד, ב.
72. קידושין עא ע"א; זוהר ח"א א ע"א; ח"ב יז ע"ב; רלד ע"ב; ח"ג רנו ע"ב; תיקוני זוהר סו ע"ב; פב ע"ב; קד ע"א; קלא ע"ב; רש"י עבודה זרה יז ע"ב ד"ה למה; סנהדרין ס ע"א ד"ה שם; קא ע"ב ד"ה ובלשון; תוספות סוכה ה ע"א ד"ה יוד; חגיגה יא ע"ב ד"ה אין; עבודה זרה יח ע"א ד"ה הגה. ראו גם רא"ש יומא ח, יט; טעם זקנים (פרנקפורט תרט"ו) נה ע"א; תשובות הב"ח רצג. שמות אלה נידונים בפרוטרוט בפרדס רימונים כא, ט, יב.
73. ראו הערות 24, 25. ראו גם אבות דרבי נתן יג, ג; בראשית רבה מד, כב; ויקרא רבה כג, ב; דברים רבה א, ט; שיר השירים רבה ב, ו, על פי דברים ד, לד; תנחומא וירא ד; פסיקתא דרב כהנא ה; זוהר ח"ב רלד ע"ב; תיקוני זוהר ח ע"ב.
74. ש"ך יורה דעה קעט, יח; באר הגולה למהר"ל, הבאר השני (ירושלים תשל"א) עמ' ל. לדוגמאות, ראו יבמות מט ע"א; גיטין סח ע"ב; סנהדרין צה ע"א; בכורות ח ע"ב; שמות רבה א, לה; מדרש תהילים לו, ח; רש"י לישעיה כט, יב; ירמיהו כא, ד; מדרש תהילים צא, ח; פסיקתא דרב כהנא יט, ו.
75. משנה סנהדרין י, א (צ ע"א); עבודה זרה יח ע"א; פסיקתא דרב כהנא

כב, ה; תוספתא סנהדרין יב, א; שולחן ערוך יורה דעה קעט, ח; ראו גם מדרש תהילים צא, ח; תוספתא ידיים ב, ט וביאור הגר״א שם כה, ור״ש על המשנה ידיים ד, ח. ראו גם סולם העליה לרבי יהודה אלבוטיני (גרוס, תשס״ח) פרק ט עמ׳ צו; מצוטט אצל שלום, קרית ספר כב (1945) עמ׳ 170.

76. אור יקר, פירוש לזוהר שיר השירים, מצוטט בתוך: שלום, כתבי יד בקבלה, עמ׳ 235.

77. סוטה לח ע״א; ספרי במדבר לט, מצוטט בתוספות שם ד״ה הרי; ילקוט שמעוני פרשת ראה רמז תתעט; ראו גם רש״י ומכילתא שמות כ, כא.

78. בלשכת הגזית, מקום מושב הסנהדרין בבית המקדש. ראו רש״י תענית טז ע״א ד״ה הורה; אגדת בראשית יד, ג; תרגום שני אסתר ד, א.

79. משנה סוטה ז, ו (לח ע״א); תמיד ז, ב (לג ע״ב); יומא ג, ח (לה ע״ב). המענה הוא על פי נחמיה ט, ה. ראו ברכות סג ע״א; תענית טז ע״א; סוטה מ ע״ב.

80. אבות ה, ה; יומא כא ע״א; בראשית רבה ה, ו; ויקרא רבה י, ט. השוו אבות דרבי נתן לה, ח.

81. יומא לט ע״א ורש״י שם ד״ה מלברך; מנחות קט ע״ב; תוספתא סוטה יג, ח; תוספות סוטה לח ע״א ד״ה הרי; משנה תורה, הלכות תפילה יד, י. ראו גם רש״י עירובין יח ע״ב ד״ה מיום.

82. קידושין עא ע״א; ירושלמי יומא פ״ג ה״ז (יח ע״ב); קהלת רבה ג, טו; זוהר ח״ג קמו ע״א; משנה תורה, הלכות עבודת יום הכיפורים ב, ו; אור זרוע ח״ב כח ע״א; ביאור הגר״א לאורח חיים ה, א ד״ה ויכוון.

83. אור השכל ט, א; ראו מורה נבוכים ח״א פרק סב.

84. פרקי היכלות רבתי טז, ד. ראו גם: רזו של סנדלפו״ן, בתוך מרכבה שלמה (ירושלים תרפ״ב) ד ע״א.

85. חיי עולם הבא, נזכר בהערה 55; ספר החשק, נזכר בהערה 59; אור השכל ח, ג, מצוטט בפרדס רימונים כא, א; סולם העליה ט, מצוטט אצל: שלום, קריית ספר כב, קסז.

86. העניין נדון באריכות בשער רוח הקודש. לדיון שלם על כך ראו ספרנו **מדיטציה וקבלה** עמ' 227 ואילך.
87. צירופי האותיות שבתרשים מצוטטים שם מתוך "ספר הניקוד". הכוונה היא למעשה לספר אור השכל הנזכר בהערה 85. ראו אור יקר, פירוש לזוהר שיר השירים, מצוטט בתוך: שלום, כתבי יד בקבלה, עמ' 232.
88. אבות א, יג; אבות דרבי נתן יב, יג; שולחן ערוך יורה דעה קעו, טז בהג"ה; רמה, כא בהג"ה.
89. ראו הערות 74, 75.
90. השוו רש"י עבודה זרה יז ע"ב ד"ה למה; סנהדרין קא ע"ב ד"ה ובלשון; תוספות ברכות ז ע"א ד"ה ההוא; ספר חסידים רה, תפד; ספר העיקרים מאמר ראשון יח; תשובות הרשב"א ח"א רכ.
91. מכילתא בא פרשה א; רש"י ורד"ק על ירמיהו מה, ג; עבודת הקודש סתרי תורה כה.
92. ראו הערה 27.
93. העניין נידון באריכות בסולם העליה ז, מצוטט אצל שלום, קריית ספר כב, קסב. ראו גם רבי אברהם אבולעפיה, אוצר עדן גנוז (ירושלים תש"ס) עמ' 98.
94. מכילתא בא פרשה א; ספרי דברים יח, טו; תנחומא בא ה; מדרש תהילים קלב, ג; רש"י ורד"ק על יונה א, ג; רמב"ן על דברים יח, טו; זוהר ח"א פה ע"א; קכא ע"א; ח"ב קע ע"ב; אמונות ודעות ה, ג; כוזרי, מאמר שני, סימן יד; אבן עזרא על יואל ג, א; שו"ת הרדב"ז ח"ב תתמב; רד"ל על פרקי דרבי אליעזר י, יא. ככל הנראה היחיד שחולק על כך הוא רבי אברהם אבולעפיה – ראו ספר החשק ב, ד. גם הרמב"ם איננו מזכיר תנאי זה.
95. יומא ט ע"ב; כוזרי, מאמר שני, סימן כד.
96. יומא סט ע"ב; סנהדרין סד ע"א. ראו בסוף חלק שלישי, הערה 106.
97. משנה חגיגה ב, א.
98. ליקוטי מוהר"ן ח"א ג. השוו אבודרהם, שחרית של חול, ברכו לאחר התפילה.

99. ברכות לג ע"א. יצוין שאנשי כנסת הגדולה הם גם אלה שביטלו את יצר העבודה הזרה. ראו הערה 96.
100. מגילה טז ע"ב.
101. על פי סוכה מה ע"ב.
102. "חסידים הראשונים" מוזכרים כמה פעמים בגמרא. ראו משנה ברכות ה, א (ל ע"ב); נדרים י ע"א; בבא קמא ל ע"א; נידה לח ע"א; מסכת שמחות ג, י; יב, ח; בראשית רבה סב, ב. גם ה"פרושים" מוזכרים: ראו משנה ידיים ד, ו; חגיגה ב, ז (יח ע"ב); תוספתא שבת א, טו; שבת יג ע"א; סוטה כב ע"א; קידושין סו ע"א; רבי יצחק בן מלכיצדק וברטנורא על דמאי ב, ג. ראו גם יוסף בן מתתיהו, חיי יוסף ב; קדמוניות היהודים יג, ה, ט; יח, א, ג; מלחמות היהודים ברומאים ב, ח, יד. אף על פי שהפרושים מושמצים לעיתים קרובות, הם היו בין גדולי הצדיקים והמיסטיקנים של זמנם.
103. על פי ישעיהו יז, ו; ירמיהו ג, יד; ישעיהו מא, יז; דניאל ט, כד.
104. ראו ספר חסידים רה, רו.
105. חגיגה יד ע"ב. העניין נידון באריכות בספרנו **מדיטציה וקבלה** עמ' 29 והלאה.
106. חגיגה טו ע"ב.

הערות לחלק שלישי

1. הקונקורדנציה של **קרודן** מונה את המקורות הבאים:

מן השורש שי"ח: בראשית כד, סג; תהילים עז, יב; קד, ג; קיט, טו, כג, מח, עח, צז, צט, קמח; קמג, ה.

מן השורש הג"ה: יהושע א, ח; ישעיה לג, יח; תהילים א, ב; ה, א; יט, יד; מט, ג; סג, ו.

ראוי לציין שהשורש הג"ה מופיע בתהילים רק בשני הספרים הראשונים, ואילו השורש שי"ח מופיע רק בשלושת האחרונים. בין שתי קבוצות ספרים אלה קיים הבדל, לאחר שהספר השני נחתם

בפסוק "כָּלּוּ תְפִלּוֹת דָּוִד בֶּן יִשָׁי" (תהילים עב, כ). יש לשים לב גם לריבוי הלא־פרופורציונלי של מופעי השורש שי"ח בפרק קיט.

2. ברכות כו ע"ב, וראו תוספות עבודה זרה ז ע"ב ד"ה ואין.
3. מלבי"ם על בראשית כד, סג. ביחס להגר, ראו בראשית טז, יד. יש לציין שלפי חלק מהפירושים יצחק יצא לשוח בירושלים: ראו פסחים פח ע"א ורש"י שם ד"ה הר, ותוספות ברכות לד ע"ב ד"ה חציף.
4. כמו בתהילים סט, יג; איוב כא, ד.
5. חגיגה ה ע"ב, על פי עמוס ד, יג; סוטה מד ע"ב; מנחות לו ע"א.
6. ראו לעיל חלק ראשון פרק ג.
7. יריעות שלמה ח"ב ד, א.
8. שבת פב ע"א. כיוון שכך, השורש נס"ח קשור לשורה נש"ה, שעניינו שכחה.
9. ראו רש"י על הפסוק; וכן רד"ק שם, ובספר השרשים "נסח".
10. המדקדקים הקדמונים (החל מספר יצירה ב, ז–ח) תפסו את השורשים בני שלוש האותיות כמסתעפים מתוך "שערים" בני שתי אותיות יסוד. כל השורשים הצומחים משער משותף נושאים גם משמעויות קרובות. למשל, מן השער פ"ר נוצרים השורשים פר"ד, פר"ז, פר"ח, פר"ט, פר"ם, פר"ע, פר"ץ, פר"ק, פר"ר ועוד – כולם קרובים בעניינם (המתרגם).
11. סוכה כח ע"א.
12. הערוך, "סח". ראו באר מים חיים, מצוטט בעץ יוסף על עין יעקב סוכה אות ז.
13. תיקוני זוהר תיקון ע (קלה ע"ב).
14. רש"ר הירש על בראשית ב, ה; כד, סג; תהילים נה, יח; סד, ב; קב, א. ראו אבן עזרא בראשית ב, ה.
15. ראו בפרט זוהר ח"א כה ע"ב; תיקוני זוהר תיקון נא (עו ע"ב).
16. ראו שמות רבה ב, ה. ראו גם קהילת יעקב ערך "סנה". רבי אברהם אבולעפיה שרטט גם עיטור ("מנדלה") שמסמל את הסנה הבוער ועשוי מ־120 אותיות אל"ף (בגימטרייה הסנה); ראו ספר החשק ח"א ב. הצורה המשורטטת שם צריכה להיות למעשה משולש קטום.

17. לדיון כללי על היחס שבין העץ ובין הספירות ראו שער הפסוקים בראשית ד״ה ומעץ הדעת טוב ורע. ביחס לעלייה באילן הספירות ראו לעיל, חלק שני הערה 27.
18. אבן עזרא על בראשית ב, ה. ראו גם רש״ר הירש על בראשית א, יא.
19. בראשית רבה נג, יג. וראו שם יג, ב.
20. ראו שערי קדושה חלק שלישי שער ה, המצוטט לעיל חלק שני פרק ב.
21. זוהר ח״ב ס ע״ב. זוהי ספירת המלכות.
22. ראו רבי שמואל צרצה, מקור חיים על שמות ג, ב.
23. ספר הבהיר סימן קעו; זוהר ח״ג כד ע״א. האתרוג מקביל לספירת המלכות, הלולב לספירת היסוד, שלושת בדי ההדס מקבילים לספירות חסד, גבורה ותפארת, ושני בדי הערבה מקבילים לספירות נצח והוד. ראו גם ויקרא רבה ל, יד.
24. ירושלמי סוכה פ״ה ה״א (כב ע״ב); תוספות סוכה נ ע״ב ד״ה חד.
25. ראו מגילה יד ע״א; רש״י על בראשית יא, כט; ויקרא רבה א, ג; תרגום דברי הימים א׳ ד, יח; נידה כד ע״ב. וראו ליקוטי מוהר״ן ח״א כא, ג.
26. רד״ק לתהילים קיט, א; וראו אבן עזרא שם פסוק ד.
27. יריעות שלמה ח״א א, ד.
28. שם. ראו שמות כח, טו.
29. ראו להלן הערה 86.
30. ראו חגיגה יג ע״ב; הערוך, ״חשמל״. ראו גם עץ חיים כו, ג; מא, א; נ, ו; מבוא שערים ו, ב, ג; שער הכוונות, עניין לבישת בגדים; פרי עץ חיים שער התפילה ג. וראו שערי קדושה חלק שלישי שער ו המצוטט לעיל בחלק שני פרק ב, שחשמל הוא ״מלבוש״.
31. ראו לעיל חלק שני הערה 31.
32. רש״י על יהושע א, ח. וראו גם דבריו על תהילים א, ב; סג, ז; לז, ל.
33. קהלת רבה א, טז.
34. רש״ר הירש על תהילים א, ב; ט, יז.
35. רד״ק, ספר השרשים, ״הגה״.

36. ראו לעיל חלק שני הערה 84.
37. משנה סנהדרין י, א (צ ע"א). ראו לעיל חלק שני הערה 75.
38. עירובין כא ע"א; אבות דרבי נתן כה, א, על הפסוק ביחזקאל ב, י. פסוק זה מדבר בייחוד על העולם הבא, ראו ערכין יג ע"ב.
39. ברכות יז ע"א.
40. יריעות שלמה ח"א ג, כ.
41. אפלטון, המדינה, ספר שישי פרק ד (מיוונית: צ' דיזנרוק; הוצאת מ' ניומן תשי"ג) עמ' 107.
42. רש"ר הירש על תהילים ט, יז; ישורון ח, קיח.
43. יריעות שלמה ח"א ג, ה; ח"ב ד, ו. ראו גם תורה אור לז ע"א.
44. פרקי היכלות רבתי כד, ד. פיוט "האדרת והאמונה" שנדפס בסידורים בנוי באופן דומה, ומקורו שם כח, א.
45. פרקי היכלות רבתי טז; יז. הקטע מצוטט בספרנו **מדיטציה וקבלה** עמ' 52–53.
46. זוהר ח"א ד ע"א.
47. ראו חלק שני, פרק ה.
48. במלכים א' יח, מב התרגום מתרגם "גהר" רק בתור "גחין", כלומר גחן, התכופף.
49. ראו רש"י, אבן עזרא ורש"ר הירש על הפסוק; רד"ק ספר השרשים, "להה"; הערוך, "לה". ראו גם יריעות שלמה ח"א ג, כה. אפשר אם כן שהמילה "גהר" עשויה מצירוף השורשים הג"ה והרה"ר.
50. ראו ספרנו **מדיטציה וקבלה** עמ' 301 ואילך.
51. יריעות שלמה ח"ב ד, ו.
52. ראו גם ישעיהו יד, ז; מב, ט; מד, כג; מט, יג; נה, יב; תהילים צח, ד.
53. מדרש תהילים לג, א.
54. משנה תורה, הלכות יסודי התורה ב, ב. וראו במקורות שבסוף הפרק.
55. תורה אור מקץ לז ע"א. ראו ליקוטי תורה בהעלותך ל ע"א; ואתחנן ח ע"א; סידור עם פירוש המלות עפ"י דא"ח לבעל התניא, מח ע"א; נא ע"ד; רעח ע"ג.

56. ראו תהילים קיח, טו; משלי יא, י.
57. דברים רבה ב, א.
58. שערי אורה שער א (ווארשא תרמ"ג) ד ע"א.
59. רד"ק, ספר השרשים, "שוע". ראו הכתב והקבלה על בראשית ד, ה; רד"ק ורש"ר הירש על תהילים צד, יט; רש"י על תהילים קיט, טז. וראו רש"י ורד"ק על ישעיהו כט, ט.
60. רד"ק, ספר השרשים, "שוע".
61. ראו זוהר ח"ב פה ע"ב; קיח ע"א; קסב ע"ב; קסה ע"א; תיקוני זוהר תיקון ע (קלא ע"א); נפש החיים שער א, ו; תניא ח"א ד.
62. אליעזר בן יהודה, מילון העברית הישנה והחדשה, ערך "עפעף".
63. ראו מדרש לקח טוב בראשית א, א.
64. ליקוטי מוהר"ן ח"א כד.
65. חגיגה יד ע"א; סנהדרין צג ע"ב; רש"י על שמות לא, ג; רבנו יונה וברטנורא על אבות ג, יז.
66. ראו רש"י על מלכים א' ג, כא; מג, יח.
67. איוב יא, ו.
68. קהלת י, יג; א, יז; ב, יב; ז, כה; ט, ג. השוו ישעיהו מד, כה.
69. אברבנאל על מלכים ב' ט, יא.
70. פסחים קיז ע"א; מדרש תהילים כד. המזמורים שפותחים ב"מִזְמוֹר לְדָוִד", ששימשו אם כן להשגת הארה, הם: תהילים ג, ד, ה, ו, ח, ט, יב, טו, כב, כג, כט, לח, לט, סב, סג, סה, קמא, קמג. ראו זוהר ח"א לט ע"ב; סז ע"א; עא ע"א; פז ע"א; קכג ע"ב; ח"ב קמ ע"א; קע ע"א; ח"ג קכג ע"ב.
71. מדרש תהילים צ, ד. ראו פסיקתא רבתי לא.
72. שבועות טו ע"ב, ומהרש"א שם; ירושלמי שבת פ"ו ה"ב (לו ע"א); עירובין פ"י הי"א (סג ע"ב).
73. במדבר רבה יב, ג; תנחומא נשא כז; מדרש תהילים צא, א.
74. רב האי גאון, מצוטט בחלק שני הערה 65. ראו שערי אורה שער א (ווארשא תרמ"ג) ג ע"ב.

75. זוהר ח"ב מה ע"א.
76. מדרש תהילים ז, ג. השוו חבקוק ג, א; תהילים ט, יז. יש המפרשים "שגיון" כשמחה והתרגשות רבה. ראו רבי יונה אבן ג'נאח, ספר השרשים, השין והגימל וההא.
77. שערי אורה שער א (ווארשא תרמ"ג) ג ע"ב.
78. תפארת ישראל ב.
79. נר מצוה ח"ב בתחילתו.
80. אברבנאל על שמות כז, ל. והשוו רבנו בחיי שם.
81. שערי אורה שער ה (ווארשא תרמ"ג) מא ע"א. וראו שיר השירים רבה ה, ב.
82. שמות כח, ל. ראו במפרשים על אתר.
83. זוהר ח"ב רלד ע"ב. ראו תרגום יונתן, רש"י, רבנו בחיי ורקאנטי על שמות כח, ל; ריטב"א יומא עג ע"ב.
84. רבנו בחיי, חזקוני ובעל הטורים על שמות כח, כא; רבי אברהם אבולעפיה, מפתח החכמות (ירושלים תשס"א) הקדמת המחבר עמ' מג. שמות שנים עשר השבטים כוללים חמישים אותיות. עשרים ושתיים אותיות נוספות, שגם השלימו את האותיות החסרות מהאל"ף־בי"ת, הופיעו על ידי הוספת המילים "אברהם יצחק יעקב שבטי ישרון". ראו יומא עג ע"ב. בכל אבן היו אם כן שש אותיות.
85. רש"י יומא עג ע"ב ד"ה באלו.
86. יומא עג ע"ב; משנה תורה, הלכות כלי המקדש י, יא.
87. יומא עג ע"ב.
88. ראו הערה 80.
89. שבחי הבעש"ט (תל אביב תשכ"א) עמ' צח [אות עח במהדורת ירושלים תש"ן].
90. אחרים אומרים שהם נקראים "בַּדִּים" מפני שהם לובשים מלבושי פשתן. ראו רד"ק, ספר השרשים, "בד". אחרים אומרים שהם נקראים כך מפני שהם מכזבים, מן המילה "בדה". ראו רש"י ואבן עזרא על

ישעיהו מד, כה, מתוך איוב יא, ג. בגמרא מצוי קשר בין ה"בַּדִים" ובין המילה "בדד": ברכות סג ע"ב; תענית ז ע"א; מכות י ע"א.

91. ויקרא יט, לא; כ, ו; כ, כז; דברים יח, יא.

92. שמואל א' כח, ג-ט.

93. רש"י על ישעיהו ח, יח; כט, ד; רד"ק, ספר השרשים, "צפצף", על פי ישעיהו י, יד. ראו ויקרא רבה ו, ו; רש"י ראש השנה טז ע"א; סוטה יב ע"ב.

94. ארבעת המופעים הם בישעיהו ח, יח; י, יד; כט, ד; לח, יד.

95. הערוך, "צף", על פי סוטה יב ע"ב, מבוסס על ישעיהו ח, יח. ראו רבי אברהם אבולעפיה, אוצר עדן גנוז (ירושלים תש"ס) אוצר ח"א עמ' 17.

96. ויקרא רבה לד, ב.

97. ראש השנה יז ע"א. הערוך בערך "צף" אומר ש"צפצף" כאן פירושו לשׂחות או להתפלל, והמילה נגזרת מ"צף". אולם רש"י מפרש "מצפצף" כ"צורח".

98. שיר השירים רבה ו, י.

99. ראו סנהדרין סה ע"ב; רמב"ם ספר המצוות לאו ח, ט, לא.

100. ראו ספרי דברים יח, י. המלבי"ם שם אומר שהדבר דומה ללוח סיאנסים. ראו גם סמ"ג, לאוין נב.

101. ספר זה מיוחס לרבי אהרן הלוי מברצלונה.

102. מדרש שמואל כד.

103. זוהי דעתו של הרלב"ג בשמואל א' כח, ח.

104. יומא סט ע"ב; סנהדרין סד ע"א.

105. מגילה יד ע"א; שיר השירים רבה ד, כב; רות רבה א, ב.

106. ביאור הגר"א על סדר עולם רבא פרק ל. ראו משך חכמה במדבר יז, יז (סוף פרשת בהעלותך), שמסיק זאת מזכריה יג, ב. הגמרא ביומא סט ע"ב אומרת שבשעה שנלכד היצר של עבודה זרה, היה נראה שהוא יוצא מתוך קודש הקודשים. אולם כאמור לעיל זהו מקום הכרובים,

מקום נביעת הנבואה. הכרובים היו אם כן שורש הנבואה וגם שורש היצר של עבודה זרה. כיוון שהתבוננות בכרובים יכולה להביא אדם אל מצב תודעה נבואי, אנשים הניחו בטעות שאפשר להחליף אותם בדימויים אחרים. ראו גם תורת חיים, מצוטט בעץ יוסף על עין יעקב יומא סט ע"ב.

107. אגרת תימן פרק ט (ירושלים תש"י) עמ' ל. וראו גם משנה תורה, הלכות מלכים ומלחמותיהם יב, ב.